李林（1915年11月15日—1940年4月26日），乳名李翠英，学名李秀若，女，福建省龙溪县（今漳州市区）人，是著名的华侨抗日女英雄。

李林幼年时侨居荷属爪哇，1929年回国就读集美中学，1933年就读上海爱国女中，积极参加学生抗日救亡运动；1936年参加革命，参与创建雁北革命根据地，抗击日军；1940年4月26日，在晋绥边区第九次反"围剿"战争中，为掩护700多名干部群众安全转移，她怀着三个月的身孕，带领骑兵连以血肉之躯吸引上万个日寇伪兵的火力，最后以身殉国。山西省朔州市平鲁区为纪念李林烈士，将平鲁一中改名为"李林中学"。李林牺牲后，党中央在延安隆重召开追悼会，称她是"中华民族英雄最光辉的典型""归国华侨的楷模、青年知识分子的典范、中国妇女的旗帜"。贺龙元帅称李林为"女英雄"。周恩来总理称赞李林是"中国的贞德"。

2009年，李林被评为"100位为新中国成立作出突出贡献的英雄模范人物"。2014年，李林入选"300名著名抗日英烈和英雄群体名录"。2017年，李林烈士人物头像被定格在中共一大会址缅怀墙上，成为缅怀墙上唯一一位漳州人。

洪涛烽火一忠魂

往事历历泪沾巾

英烈遗志犹未了

寄望革命后来人

悼亲人李林殉国五十周年

屈健 庚午清明

李林英烈

归侨典型

为国捐躯

浩气长存

李林烈士殉国五十周年暨

李林园落成纪念

全国侨联主席张国基书

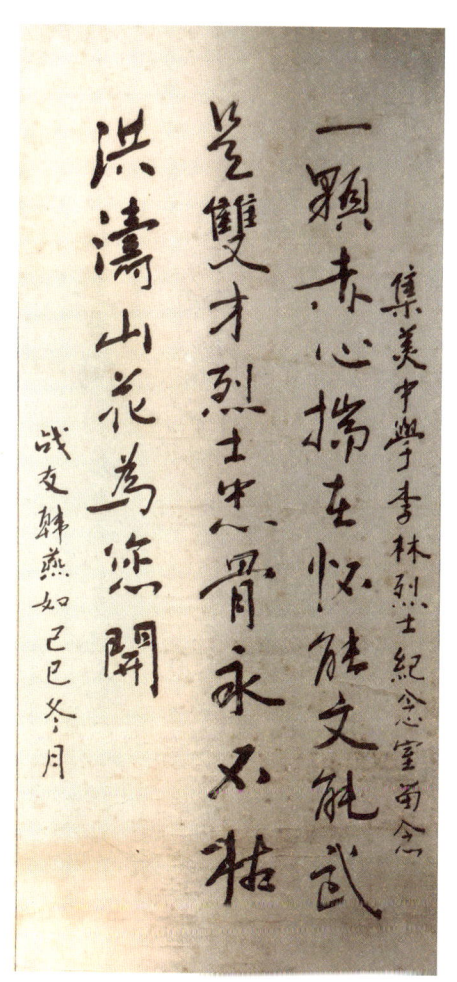

李林同志您永远是我学习的楷模

方铭 一九九〇年四月五日

一颗赤心揣在怀
能文能武是双才
烈士忠骨永不枯
洪涛山花为您开

集美中学李林烈士纪念室留念
战友韩燕如　己巳冬月

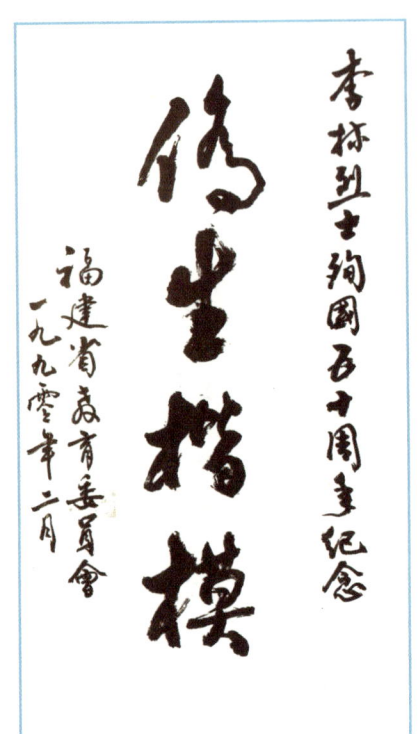

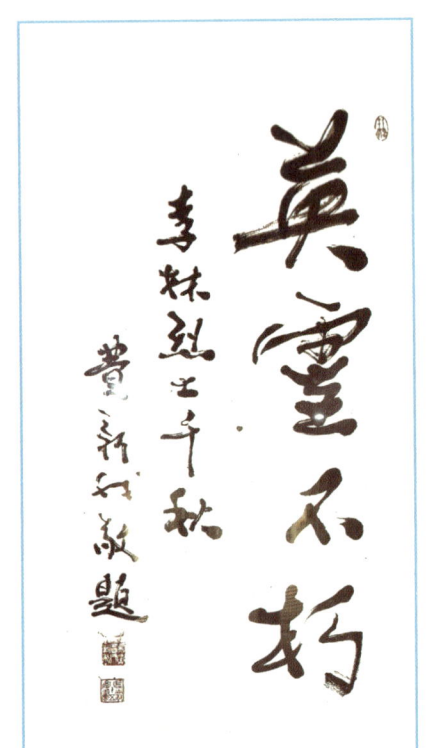

侨生楷模

李林烈士殉国五十周年纪念
福建省教育委员会
一九九零年二月

英灵不朽
李林烈士千秋

费新我 敬题

发扬华侨爱国光荣传统
学习李林光辉事绩(迹)

庄炎林 金马之春

民族忠魂

李林园落成典礼
庚午年春
江苏省国画院黄鸿仪 书贺

巾帼英雄

李林烈士殉国五十周年纪念
庚午年春
江苏省国画院黄鸿仪 敬书

李林烈士永垂不朽　　　　　　　长青

庚午年春　　　　　　　　李林烈士殉国五十周年志念
黄鸿仪 敬画于金陵　　　　一九八九年冬月
　　　　　　　　　　　　王仲谋 写

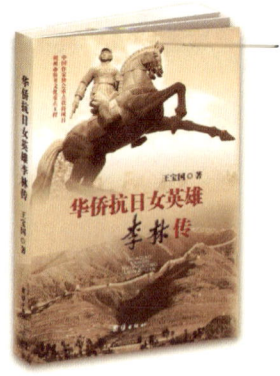

已出版的关于李林的部分图书

少年李林

郑坤全　陈忠坤　著

图书在版编目（CIP）数据

少年李林 / 郑坤全, 陈忠坤著. — 北京：北京联合出版公司, 2021.4
ISBN 978-7-5596-5006-1

Ⅰ.①少… Ⅱ.①郑…②陈… Ⅲ.①李林（1915-1940）—传记 Ⅳ.①K825.2

中国版本图书馆CIP数据核字(2021)第014223号

少年李林

作　　者：郑坤全　陈忠坤
出 品 人：赵红仕
出版监制：谭燕春　高继书
选题策划：厦门外图凌零图书策划有限公司
责任编辑：徐　樟
装帧设计：吴思萍

北京联合出版公司出版
（北京市西城区德外大街83号楼9层 100088）
北京联合天畅文化传播公司发行
厦门市竞成印刷有限公司印刷　新华书店经销
字数116千字　787毫米×1092毫米　1/16　12.75印张
2021年4月第1版　2021年4月第1次印刷
ISBN 978-7-5596-5006-1
定价：48.00元

版权所有，侵权必究
未经许可，不得以任何方式复制或抄袭本书部分或全部内容
本书若有质量问题，请与本公司图书销售中心联系调换。电话：(010) 64258472-800

目录

I　　序一　榜样的力量 / 庄南芳
IV　　序二　斯人已逝　风范犹存 / 周文盛
VII　少年李林成长足迹

001　第一章　塔口庵的婴儿声
006　第二章　生不逢时苦命儿
010　第三章　有福遇得好人家
016　第四章　有家也要有名分
021　第五章　永不屈服的生命
027　第六章　我的阿爸在哪儿
033　第七章　放水灯以寄相思
039　第八章　漂洋过海下南洋
044　第九章　落后就要受压迫
050　第十章　女孩也能上学去
055　第十一章　不忘祖国好河山

060　第十二章　华侨旗帜闪光辉

065　第十三章　满目疮痍是故乡

072　第十四章　愿做集美好学子

078　第十五章　身心发展各不误

084　第十六章　组织抗日救国会

090　第十七章　长大也要当红军

095　第十八章　不负韶光上杭州

101　第十九章　西子湖畔英雄梦

108　第二十章　立志报国转上海

114　第二十一章　泪别慈母意更坚

121　第二十二章　结识革命领路人

127　第二十三章　甘愿征战血染衣

132　第二十四章　黄浦江畔爱国潮

141　第二十五章　倾资办平民夜校

148　第二十六章　遭受拘捕遭退学

153　第二十七章　泪别上海望北平

159　第二十八章　改名李林赴革命

169　附　录　给中央妇委的信 / 李林

175　后　记

序一

榜样的力量

庄南芳

被周恩来总理赞誉为"中国的贞德"的李林烈士，1915年11月15日生于漳州塔口庵一带，不久，被侨眷陈茶收养，并一起居住在龙溪县城（今漳州市芗城区古城龙眼营）。李林4岁时，随养母赴荷属东印度（今印度尼西亚）泗水与养父李瑞奇相聚；9岁时，就读于父亲参与创办的中华学校；14岁时，回国读书，先后就读于石码私塾、集美学校、杭州女中、上海爱国女中、北平民国大学等。21岁时，李林光荣加入了中国共产党，随后，她告别了自己的学生时代，踏上抗日沙场。在晋绥边区抗战中，李林英勇杀敌，屡建战功，威震雁北，被贺龙称为"我们的女英雄"。1940年4月26日，李林为掩护队伍突围，壮烈牺牲，年仅25岁。

遥记得，在1990年4月26日，热爱李林的漳州乡亲在芗城区召开"漳州市纪念李林烈士殉国五十周年活动筹备委员会"会议。会后，编印了《纪念李林烈士特刊》，时任漳州市委书记的刘秉仁同志还为特刊作序推荐。此后，李林的事迹开始广泛传播，闽南这块热土也因英雄而显得熠熠生辉。2009年9月，李林被评为"100位为新中国成立作出突出贡献的英雄模范人物"。2014年，李林入选"300名著名抗日英烈和英雄群体名录"。三十多年来，李林的亲属及热心推广李林事迹的研究人员积极探索、深刻挖掘，整理搜集了大量有关李林的资料。这些资料无不是对李林精神更完整的补充与映衬，使李林的精神显得更丰满、更具象、更活灵活现，也更适合在青少年中推广。基于此，《少年李林》这本书才得以诞生。

《少年李林》这本书不是鸿篇巨制，也不是虚构小说，它以不假雕饰的笔触，再现了一位英雄少年时期的成长历程。在书中，青少年读者可以看到一个活生生的李林，看到一位不畏艰辛、艰难求学、乐于奉献的少年，虽身处乱世，却依然积极奔走于民族危难之中，投身革命、英勇战斗、不畏牺牲。青少年能够在阅读中，深刻体会平凡中的伟大，以榜样为力量，培养自己的家国情怀，从小养成为正义的事业去学习、去生活的责任，成为一个热爱社会、热爱祖国的具有崇高信仰的人。

"李林精神"是勇于担当与道统责任观相结合的精神，是勇于牺牲与救国救民思想相结合的现代革命家精神，是勇于创新与开阔的视野格局相结合的华侨精神。李林敢于担当的革命情怀来自人民，来自社会，来自教育和个人的道德修养。

我相信，《少年李林》会是一本促进广大青少年树立爱国主义思想教育的好教材，其出版具有深刻的社会意义；希望这本书能够让烈士的精神成为激励一代又一代青年人勇于奋斗、不忘初心、坚定信念的力量源泉。我也衷心期望，《少年李林》的出版能够使李林烈士的崇高品格、伟大精神和不朽业绩为更多的人们所铭记、景仰与继承。

是为序。

2020 年 11 月

庄南芳，出生于 1929 年 12 月，1950 年 1 月参加革命工作，1952 年 11 月加入中国共产党，福建省人民政府办公厅原主任，福建省侨联原党组书记、主席，中国侨联原常委。1997 年 7 月，庄南芳被国务院侨办、中国侨联联合授予全国侨务工作先进个人称号。

序二

斯人已逝　风范犹存

周文盛

当得知厦门外图凌零图书将《少年李林》列入其公司所策划的"少年中国"书系时，我心里非常高兴。我姨妈李林的一生是短暂的，也是光辉的，她是从漳州这片红土地走出去的著名抗日英烈，也是全国亿万人民崇敬的华侨抗日女英雄，是漳州家乡人民的骄傲，也是我们家族所有成员的骄傲。作为李林的外甥，我备感自豪！

李林出生于1915年11月15日，时值民国初年，军阀混战，民不聊生。其亲生父母从北方逃难来漳州讨生活，窘迫中于今漳州市区大同路塔口庵一带生下了她，由于无力抚养，被我善良的外婆陈茶收养了。自此，外婆将其视如己出，二人相依为命，居住在漳州市区龙眼营。

1919年，李林随外婆远赴印尼爪哇，和养父李瑞奇团聚，时年4岁。当时，我外公李瑞奇已经事业有成，拥有两家公司，生活也很富裕。他参与创办了"中华学校"，培养了很多华侨子弟。他为人公正、乐于公益，在华侨社团有很高的声誉，被当选为"外兰梦中华委员会董事长"。李林就是在这个爱国爱乡、造福桑梓的华侨家庭成长起来的，在少年时代，她就耳濡目染，在异乡逐渐培养起爱国情怀。

1929年，李林随我外婆回到了祖国求学，先后就读于龙海石码私塾、集美学校、杭州女中、上海爱国女中、北平民国大学等学校，在学习中，因身处国家危亡时期，少年的她，辗转各地求学，不断探索救国救民的道路。1936年12月，在中国共产党党组织的教育培养下，李林加入中国共产党，从一个归侨学生走上了抗日救国最前线，成为令日寇闻风丧胆的民族女英雄。1940年4月26日，在雁北战场上，李林壮烈牺牲，年仅25岁，她用自己的青春和生命实践了"甘愿征战血染衣，不平倭寇誓不休"的誓言。

然而，英雄虽逝，家乡的亲人却一无所知。小的时候，我曾听我母亲讲起，1935年底，李林曾从上海回来探望归国定居的外公和其他家人，此后便和家人失联。多年来，家人四处寻找，皆无下落，揣测当年李林可能因出门带走家中1200块大洋和1斤多黄金首饰，被人谋财害命。外公晚年回漳州浦南时，生活已十分贫困，但他时常挂念李林，临终前还交代后人，如果找到李林，即使已不在人世，也要把她葬在身边。所幸的是，1986年，因厦门电视台播放了电视连续剧《烽火侨女》，家人们才从剧中找到了失联50年的亲人李林。

  圆山虽高，不及您为国为民之功德；龙江水长，不及亲人思念之深情。2020年4月26日，在"纪念李林英雄殉国80周年"座谈会上，经中共漳州市新四军研究会倡议，在上级组织领导的关心帮助下，李林烈士的衣冠冢得以在漳州市芗城区浦南镇牛尾岭养父李瑞奇的墓地旁下葬，并重新立碑。李林烈士终于魂归故里，并且长伴养父李瑞奇身边，了却了我外公的遗愿，也了却了我们亟待找到亲人的心愿。

  今天，欣闻《少年李林》即将面世了，作为李林烈士的亲属，我和我的亲人们都感到十分欣慰。这本书主要描述了李林从出生到北京求学这一段人生历程，也是李林虚心求学、不畏艰辛、敢于战斗、忧国忧民的李林精神形成的核心历程。我衷心期待，青少年朋友们，能用心、用情、用意去品读、去体会、去感悟，让李林精神成为我们刻苦学习、报效祖国的动力。

  斯人已逝，风范犹存！作为李林烈士的亲属后代，我们也必将继承和发扬爱国主义光荣传统，为中华民族的伟大复兴再立新功！

周文盛
2020年11月1日

  周文盛，李林妹妹李秀娇的儿子，即李林的外甥。

少年李林成长足迹

1915年11月15日
李林于漳州塔口庵出生，父母为走南闯北的江湖艺人，因无力抚养，40多天后，准备遗弃于塔口庵前

1915年12月中旬
李林被陈茶收养，起乳名李翠英，居于漳州龙眼营

VII

1918年春
因龙眼营一带天花肆虐，李林不幸身患其害，在养母陈茶的精心照料下，李林逃过死劫

1919 年春

李林随陈茶漂洋过海侨居印度尼西亚爪哇外兰梦，见到了养父李瑞奇

1924 年春

入读李瑞奇在印尼筹办的中华学校，就读小学，李瑞奇为李林取了学名李秀若

1929 年春

小学毕业的李林，随陈茶回国

1929 年端午前夕

李林随陈茶抵达厦门码头，并辗转回到漳州龙眼营

1929 年端午后

李林随陈茶搬家至龙海石码，并就近就读私塾半年

1931 年秋

李林以华侨子女的身份，插班进入集美幼稚师范学校，就读幼师六组

1932 年秋

李林转学到集美女子初级中学（现为集美中学）十组就读

1933 年 12 月

李林从集美女子初级中学毕业

1933 年农历年底

陈茶告知李林身世，并带李林回漳州老家寻亲未果

1934 年春

李林入读浙江省立杭州女子中学（现为杭州第十四中学）

1935 年春

李林转学至上海私立爱国女子中学（现为上海市爱国中学）

1935 年 4 月 5 日

养母陈茶病逝，李林悲痛万分，回老家料理完母亲后事，不久便带着母亲留下的金银首饰及 1200 多块银元返回上海

1935 年秋

李林在上海私立爱国女子中学创办平民夜校

1935 年 12 月 19 日

李林组织发动上海私立爱国女子中学的学生到上海江湾的市政府门前请愿，不久，加入"抗日救国青年团"

1935 年年底

养父李瑞奇举家回国，李林回家省亲

1936 年 3 月 8 日

李林组织和发动了青年学生游行，并带动上海市万余群众参与，这场大游行的照片登上了上海出版的著名杂志《妇女生活》第二卷第三期封面，题为《上海的"三八"》

1936 年 6 月初

中国共产党领导下的上海市学生联合会组织了上海全市大中学生暑期环县区抗日宣传团，李林为"抗日宣传团"的主要引导者，在松江县宣传时被捕并被押送回上海。不久，校方迫于当局的压力，无奈做出开除李林等学生的决定

1936 年 6 月底

李林加入中国共产主义青年团

1936 年 7 月 5 日

李林从上海奔赴北平，从此踏上革命的道路

1936 年 7 月中旬

正式改名"李林"，并考上北平民国大学政治系

第一章　塔口庵的婴儿声

漳州是历史文化名城,是闽南文化的发祥地,也是福建最著名的侨乡之一,早在一万年前就有先民在这里繁衍生息。这个以"水仙花之乡"闻名的文化古城,自唐垂拱二年(686年)建州,迄今已有一千三百余年的历史。

九龙江是漳州的母亲河,由干流北溪和支流西溪、南溪汇合,亘古流淌,流经漳州至厦门港对岸,奔涌注入台湾海峡,冲刷出福建的第一大平原——漳州平原。九龙江如母亲般温柔贤淑,静默地陪伴着一辈又一辈生活在这里的人民,用自己丰沛的乳汁,养育着这一方儿女。

漳州平原是福建的粮仓,素有"花果鱼米之乡"之称。据史料记载,南朝梁于此建置龙溪县,属南安郡。据《清漳志》载:"大同六年(540年)置,以西江上有九龙昼戏,故名为九龙江，置县曰龙溪县。"北宋时期编纂的《太平寰宇记》曰："龙溪县因溪为名。"如今，历经数个朝代变迁，龙溪县早已分置为漳浦县、南靖县、华安县和漳州市区。龙溪县以县名从南朝开始一直存续到1960年，时龙溪县与海澄县（明代由龙溪县分置）合并为龙海县，从此，有着1600多年的龙溪县彻底退出历史舞台，之后龙海县于1993年撤县设市，改为龙海市（县级市）。

漳州九龙江

历史变迁总是无情的，然而，龙溪县也因悠久的历史而遗留下丰富的历史文化遗产，让人们最为津津乐道的莫过于位于原龙溪县城大同路（现为漳州芗城区大同路）塔口庵经年的故事。传说，这个塔口庵是朱熹于1189年知漳州时，为教育百姓改变不良风气，在唐代的净众寺基础上修建的。

传说总归传说，但历史上的塔口庵，应分为塔口庵经幢与塔口庵两部分。

塔口庵经幢始建于宋绍圣四年（1097年），经幢以二十四层浮雕块石累叠筑成，基座乃利用唐代遗存的石构件建造，为八角柱状须弥座，基座之上为圆形、八角形、覆盆形、圆柱形，分别雕刻有海水、螭龙、莲瓣等六层块石，承托着中隔莲花石的两层八角柱形幢身，幢身八面均雕有或站或坐形态各异的佛像各一尊。幢身之上有佛像、莲花等图案的十三层各种形状的块石，构成五重八角出檐，高耸奇特的幢顶上置葫芦尖锋。

塔口庵坐北朝南，始建于元至正二十六年（1366年）。据志书载，元朝漳州总管罗良与陈友定在北门一带巷战，罗良战死于该处，人们认为罗良生是个猛将，死后必成厉鬼，忧心罗良死后鬼魂骚扰居民，于是众人集资建庵祀佛，并供奉罗良以祭拜，以安民生。庵建成后，因前有古经幢石塔，故庵名为塔口庵。

塔口庵经幢造型独特，前有巨大榕树覆盖，塔口庵风貌也是别具一格，二者因相近而相互映衬，不经考查，人们常常混为一谈，塔口庵也逐渐形成了统称。而塔口庵所在的大

塔口庵经幢

塔口庵的大榕树

漳州塔口庵,当年陈茶抱养李林的地方

同路，一直以来都是龙溪县里非常热闹的老街，做买卖的大都集中在这条街上。

20世纪初，中国时局动荡不安，军阀混战，民不聊生，大量民众流离失所，经济遭受严重破坏。由于漳州偏安神州东南一隅，为躲避战乱，许多难民来到漳州讨生活，使得原本繁华的大同路，更是热闹非凡，熙熙攘攘。白日里，做买卖的、卖艺杂耍的、挑担的、乞讨的、闲逛的，来来往往，应接不暇；夜里，一切恢复了平静，只有一些无家可归的人，有些躺在塔口庵旁，有些躺在塔口庵里，随着静寂的夜，进入了悠远的梦乡。

这是1915年11月15日，农历十月初九，立冬刚过，清晨的寒气依然逼人，万籁寂静，塔口庵里忽然传出婴儿呱呱坠地的哭声，这响亮的哭声没有持续多久，却已打破了这个宁静的清晨。万物，开始苏醒了。

第二章　生不逢时苦命儿

要是普通的人家，家里生了娃，该是一件激动人心的事儿，可这个女婴的降生，并没有给暂时落脚塔口庵的年轻夫妇带来一丝丝喜悦，反而让他们忧愁了起来。

这对年轻的夫妇是走南闯北的江湖艺人，平日里夫唱妇随，走街串巷，他们找一处热闹的街口，或于某个安静的村落，先敲一阵锣吸引人流，再进行各种有趣的杂技表演，末了叫卖自己的"祖传秘方"。而这些"祖传秘方"还真不是一般的狗皮膏药，都是对疑难杂症有奇效的药。那时候，人与人之间是充满信任的，走江湖的人更是把"信义"二字时时挂在嘴边，也收获了很好的口碑。因当时这些江湖艺人多来自安徽凤阳，后来，闽南人便把这些江湖艺人，通通称为"凤阳"，耍杂技表演则称为"变凤阳"。

那时候，由于时局动荡，全国经济都很低迷，但"凤阳人"之穷却是很抢眼的。每年，尤其是在寒风瑟瑟的晚冬，在闽南、潮汕一带，总能遇见一些操着北方口音的凤阳人，一种是以卖艺为生的，另一种则以乞讨为生，多为年纪较大者。这些行乞者常常拉家带口背井离乡，肩上搭着破被子，手杵着打狗棍，一路讨饭、讨钱、讨破旧衣服，讨所有可以维持生计的东西。他们虽然衣衫褴褛，但很少披头散发一身污秽作疯癫或哀号状，他们不卑不亢，有些行乞者还能拉二胡、敲花鼓、唱小曲，无论是催泪还是逗乐，总能博得围观者伸以援手。这一部分的凤阳人，常常被年长者用来吓唬调皮的孩子："不听话，就让凤阳抱走了！"

显然，这个女婴的降生，让这对年轻夫妇发难了：本来，卖药的钱只能维持生计，现如今怎么养活一个孩子？原本夫唱妇随还能"变凤阳"，刚生产完的妻子，怎么继续走街串巷，难不成要唱独角戏？"变凤阳"最忌讳的是一直待在一个地方，观众不新鲜了，围观的人就少了，药就更卖不出去了。

几天后，撑不住生活压力的丈夫，只好摇着头叹着气："把孩子放在塔口庵门口，让好心人去养吧！"

妻子的泪，一滴滴落在孩子绯红的小脸蛋上。孩子正幸福吸吮着母亲甘甜的乳汁，甜蜜地进入了梦乡。

又过了些时日，实在拗不过丈夫的劝，也实在拗不过生活的难，妻子终于同意了丈夫的建议。这一天，她特地上街买了个小

吳氏相馬五月廿五戌時生
女李翠英相兔十月吉時吉日
男李和成相豬十一月吉時吉日
女李秀嬌相虎吉月吉時吉日
男李永成相兔十月吉時吉日

男李松乎相馬辰時
女相狗十二
李松根 日辰
男 月廿
李 辰

李林（即李翠英）的生辰

竹篮，给孩子置了套新衣服，又买了一条碎花布小被头。待把家什收拾好了，她便给孩子穿上新衣，放进小竹篮里。孩子没有哭，而是挥舞着一双小胳膊，眼睛笑成一条缝。

"我们就上路吧！孩子自有福相，只能期待能找到好人家了。"丈夫已经把家伙整理好，他用扁担挑了起来，走出了塔口庵。

妻子轻轻抚摸孩子圆圆的小脸蛋，不舍地给孩子盖上碎花布小被头，然后写了一张"生于民国四年十一月十五日"的字条，轻轻地塞进被头里，流着泪，不舍地把小竹篮放在塔口庵门口，然后一扭头，跟上丈夫的脚步。

可是，她哪里舍得啊！她一步三回头，忽然，又折回来抱起孩子，哇地大声号啕了起来。

孩子怎知父母心中的苦楚，只是依然挥舞着一双小胳膊，眼睛笑成一条缝。小脸蛋绯红绯红的，如红苹果一样。

听到妻子的哭声，丈夫心如刀绞，他双腿乏力地待在原地，眼泪一下子如决堤的江河水，奔涌不停。

第三章　有福遇得好人家

恰巧这一日，家住龙眼营街区的侨属陈茶，与往常一样来塔口庵拜佛。龙眼营街离塔口庵虽然有一定的距离，但虔诚的陈茶依然每隔几日，就来庙里拜拜。

陈茶的丈夫叫李瑞奇，他的家族在当地很有名望，祖父曾在朝廷做官，父亲李阿仙是看风水的，也小有名气。李瑞奇早些年在当铺做会计，家境还算殷实。可惜的是，老天爷偏爱捉弄人，陈茶与丈夫结婚多年了，却一直未有身孕。后来，丈夫也跟随乡亲去南洋经商了，这让陈茶的生活更加孤苦，内心甚是凄凉，她到塔口庵拜佛，也是祈求菩萨保佑她能早日怀上孩子啊！

陈茶刚到庵门口，便见得这一位年轻的妇人手抱婴儿泪流满面，不远处的男人似乎也是伤心欲绝，心想："这一对年轻的夫妇肯定碰上什么事了！"便转身向前问起究竟，无奈妇人早已泣不成声。

远处的男人见陈茶上前询问，便也折了回来。之前，他夫妻二人暂居塔口庵，也和陈茶打过照面，知道眼前这位心地善良的大姐是当地的好人家。他便诉苦道："这位好心的大姐，我夫妇二人居无定所，走南闯北，只靠耍杂技卖点药维持生计，生活本就飘零不定，无奈途中添了这小女。这苦命的孩子真是生错了人家，出生四十几天来，我妻子营养不良，奶水不够，我们又无钱添置奶粉，孩子忍着饥饿四十几天。以后的日子，这孩子得怎么过啊？"

陈茶听了，心里一阵酸楚，一时也是泪流满面，说不出话来。她看着妇人手里的孩子，看着孩子圆嘟嘟的小脸蛋，看着孩子挥舞的小手，看着孩子笑得眯成缝的眼神，一股母性的慈爱一下子涌了上来。她太喜欢这个孩子了！

男人又说话了："我本想让妻子把孩子放在塔口庵门口，让孩子自求多福等待有缘人，可妻子舍不得啊！"

陈茶心里"咚"了一下！前段日子，她托亲戚到处打听，就想抱养个孩子，可到现在都还没等来好消息。眼前的这个孩子，多么惹人喜欢啊！她想起前几日到庵里拜佛求签，还抽了一支好签，难不成，她跟眼前的这个孩子有缘！

"要不……"陈茶心生怜悯起来，因一直未有身孕，她本就有意抱养孩子，而眼前的这孩子又这么招人喜欢，却又这么需要有人照养，于是，她诚恳地说道，"要不，这孩子就交由我来……"陈茶还未讲完，心里便显得有些不安，她感觉自己似乎有些趁人之难。

只见这时，男人忽然咣当一声跪倒在地，口里一直念着："感谢大姐！感谢恩人！得遇您这样的好人家，是孩子的福分！"此时，妇人也停住了哭声，她抬起蒙眬的泪眼，静静地端详眼前的这位大姐：慈眉善目，形容端庄，行为得体，言语温柔……她连忙把孩子再次放入小竹篮中，然后轻抚着小女孩的脸蛋，许久，便提起了竹篮，准备递给陈茶。

"且慢！"陈茶话音一落，转身走入庵内，她取出随身携带的四块大洋，又从庵里取了红纸包好，疾步走到妇人面前，将包好的四块大洋塞入其裤袋中。

妇人使劲推辞，但还是拗不过陈茶的盛情，男人示意妇人收下，挑起担子准备离去，妇人则抱住了陈茶，泪如雨下。作为女人，陈茶理解这种心情，她的眼泪也止不住了。

许久，妇人恢复了平静，她拉着陈茶的手，带着哭腔说道："大姐，孩子就交给你照顾了！"

陈茶使劲地点点头，她知道，这一句话有多么沉重。

很快，这一对年轻的夫妇就消失在大同路的尽头。陈茶叹着气，擦干眼泪，她轻轻掀开小竹篮的被头，只见孩子正朝她咯咯地笑着……

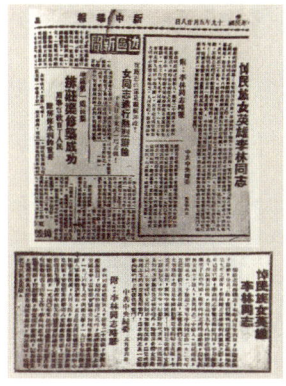

李林殉国后媒体的报道

李林跨上心爱的战马

陈茶以善良之心收养的这个女孩，便是日后为抗击日军壮烈牺牲的民族女英雄李林。那是1940年4月26日，春寒料峭，日伪军妄图对晋绥边区进行第九次大围剿。为掩护边区专署机关和群众转移突围，怀有身孕的李林跨上心爱的战马，带领骑兵连，顽强阻击数百倍于己的日伪军，终因寡不敌众，毅然将最后一颗子弹射向自己，壮烈殉国。李林牺牲后，中共晋绥边委在平鲁县郭家窑村、晋西北各根据地，中共中央妇委和陕甘宁边区妇救会在延安，都召开隆重的追悼会。当时，中共中央机关报《新中华报》、重庆的《新集日报》和中国晋西北区党委机关报《新西北报》发表消息、唁电、纪念文章和评论，称赞李林"不仅是女共产党员的光辉楷模，而且是全国同胞所敬爱的女英雄""中国民族英雄的最光荣典型"，周恩来总理更是将李林称之为"中国的贞德""我们的民族英雄"……

阴凉山，当年李林战斗牺牲地

从此，李林的英名深深镌刻在国人心中，历史永远不会忘记！2009年，李林入选中宣部等中央十一个部门评选的"100位为新中国成立作出突出贡献的英雄模范人物"。2014年，李林烈士入选国家民政部公布的

李林牺牲后，遗体暂厝地

战友们为李林默哀

"300名著名抗日英烈和英雄群体名录"。2017年，李林烈士人物头像被定格在中共一大会址缅怀墙上，成为缅怀墙上唯一一位漳州人。

有道是：良善之举必有后福！陈茶，就是这位伟大英雄的母亲。

第四章　有家也要有名分

陈茶抱着刚收养的孩子匆匆赶回了家,她恨不得早点给孩子购得一壶鲜奶,以解孩子多日来的饥饿。一路上,她思量着给孩子取一个好听的名字,看着孩子一路挥舞小手对她微笑的样子,她满是欢喜,她希望孩子长大后,能够像翠柏参天成为栋梁英才,于是,就着丈夫李瑞奇的姓,她便给孩子取名李翠英。

陈茶虽然文化程度不高,但其丈夫李瑞奇一家也算是官宦之家。李瑞奇的爷爷聪明好学,为了改变命运,光宗耀祖,他自幼奋发图强,努力学习,遍读经史,终于考取功名,享顶戴花翎,入龙溪县城为官,于是他便把家从九龙江北溪下游的浦南郊野[①],迁至县城里,并置办了多处房产,其中,陈茶居住于龙眼

[①] 浦南郊野:浦南镇今属漳州市芗城区,为李林烈士的祖籍地,其衣冠冢便建在浦南镇双溪村牛尾岭李林养父李瑞奇墓旁。

营的房子便是其中一处。至李瑞奇父亲李阿仙一代，已是晚清时期，朝廷腐败，列强入侵，国运飘摇，老百姓流离失所，李阿仙虽未走仕途，却成为当地有

漳州市老年大学（原为李林祖上李家花园）

名的"地理仙"②，收入还挺可观。李阿仙共育有四子，李瑞奇最小。至李瑞奇这一代，李家已是家道中落了。

当时，国内战乱不断，民不聊生。福建、广东一带兴起了"下南洋"热潮，当地人称之为"过番"。这股浪潮中，既有对未来充满希望的人，也有在家乡故土待不下去的人，他们或是为了谋生计、维持家庭生活，或是为了躲避战乱、改变个人或家族的命运，不辞劳苦，背井离乡。为了家业发展，李瑞奇思考再三，也告别妻子陈茶，加入"下南洋"的创业大军。一开始，李瑞奇到当时尚属印度尼西亚爪哇外兰梦，经营中国的土特产生意，一年后，他便凭着自己的勤奋与机灵，挣得了一份小家业，很快，又有了自己的公司和商店。

在外兰梦，李瑞奇乐于助人，特别是一些失业的华侨，因此，他在当地的华侨群体中享有较高的声望。在大家的推荐下，

---

② "地理仙"：闽南人对风水先生的雅称。

李林的养父李瑞奇

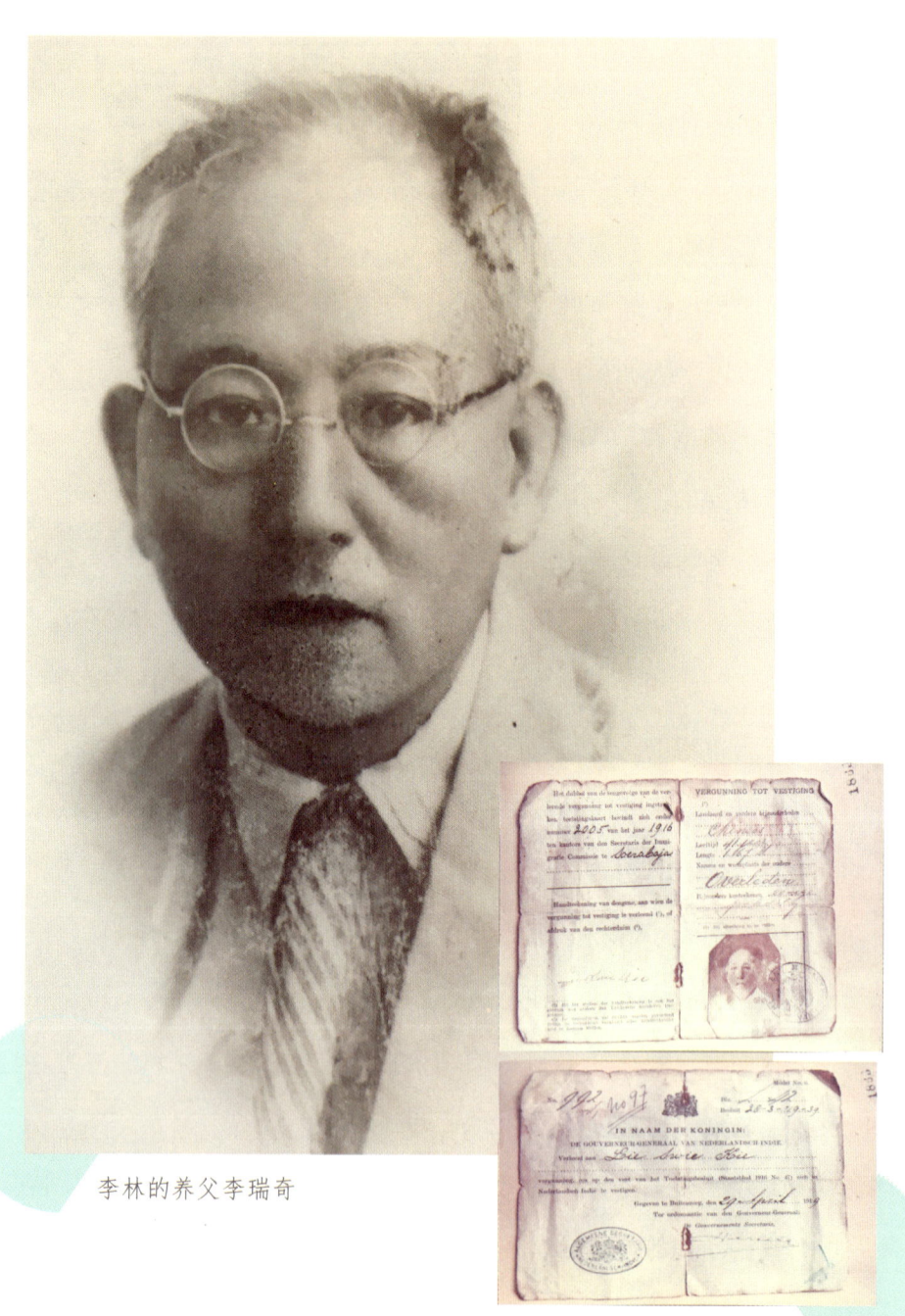

李瑞奇的印尼身份证

李瑞奇当选了外兰梦华侨团会主席。李瑞奇在其位，也愿担其责，他愿意为当地华侨着想。当时印度尼西亚在荷兰的殖民统治下，学校不能教中文，为了解决当地华侨孩子学习难的问题，避免华侨子弟思想与中华文化断层，他筹办了中华学校，以供华侨子弟学习。

陈茶虽然很想念丈夫，但她理解丈夫创业的辛苦与不易，生活的孤苦她都自己承受，也尽量不跟丈夫抱怨。收养了李翠英以后，陈茶的心一下子舒展开了，她感觉自己的生活更有盼头了。"既然给了孩子一个家了，那更应该给孩子一个名分！"她心里这么想着，于是，她先是委托往来南洋的乡亲捎话，告诉丈夫她收养了一个叫"李翠英"的女孩。几个月后，她就收到了丈夫的允诺，这让她开心了很多天。

接下来陈茶要做的事，就是在李氏家族里，给孩子一个名分。平日里，她以贴锡箔做纸钱为业，收入虽然不多，但这几年她省吃俭用，也积攒了不少钱，她将这些积蓄交给堂伯，让堂伯帮忙置办了好几桌酒席，并请来李氏家族的亲戚，席间，她抱着小翠英，挨桌挨个跟亲戚说道："她叫李翠英，以后就是李瑞奇与陈茶的女儿了。"亲戚们一个个都被陈茶的这份心感动了。

从此以后，陈茶将李翠英视同己出，她一边思念着丈夫，一边继续替人贴锡箔做纸钱，用这份微薄的收入，养育着李翠英长大。白天，在龙眼营的街头巷尾，经常能看见陈茶怀抱小翠英的身影。小翠英不怕生，每每看见邻居从远处走来，她就在妈妈的怀里，手舞足蹈地和人家打招呼，要是有人向她扮个鬼脸，或者碰碰她的小脸蛋，她就咯咯大笑不止。所以，周围的亲戚邻居一见到小翠英，都争相抱着她玩，可爱的小翠英不仅消减了陈茶对丈夫的思念，也给龙眼营的人们带来了无尽的欢笑。夜深人静的时候，陈茶喂完孩子，就和孩子一起躺在床上，她一只手让孩子枕着，另一只手轻轻地抚摸孩子的手掌，嘴里哼着闽南的各种民谣，很快，孩子进入了梦乡，她也安然入睡了。

漳州市龙眼营，李林出生后在这里与养母陈茶生活了四年

在陈茶的精心照料下，小翠英如同山谷里的小树苗，吸吮着大地甘甜的雨露，沐浴着初春温暖的阳光，清风轻吻，她健康快乐地成长起来。

第五章 永不屈服的生命

陈茶无微不至地陪伴着小翠英,不错过任何孩子成长的快乐时光。老话说:"七坐八爬九长牙。"小翠英和众多孩子一样,七个月学会坐,八个月学会爬,九个月开始长牙齿,十个月学着站了,十二个月的时候,小翠英已经可以跌跌撞撞向前走了。

那是小翠英一岁半的某个午后,陈茶怕太阳下山了衣服会返潮,便让小翠英在家里独自玩一些未贴锡箔的纸钱,自己到门口收衣服,待她回屋,却听得一声清晰的叫喊:"阿母!"[1]

陈茶以为是自己幻听,她凝神静听,只见小翠英已经踉踉跄跄朝她走来,边走还边叫着:"阿母!阿母!"

这一次,陈茶听得确切,她一激灵,一股暖流即刻传遍她的全身,眼泪,也顺着她的脸颊一滴滴掉落下来。

---

[1] 阿母:闽南部分地区的人们对母亲的口语称呼。

"阿母！"小翠英伸手想去擦拭母亲的泪花，此时，激动的陈茶早已抱起小翠英，一个劲儿亲个不停，亲得孩子咯咯笑个不停，陈茶也幸福地笑个不停。

幸福的时光总让人回味无穷！然而，谁能料到，这个本就苦命的孩子，却又得再次遭遇生命的劫难！真是：天有不测风云，人有旦夕祸福！

1918年春天，龙眼营一带忽然天花②肆虐，周围低矮的棚户里，常常传出撕心裂肺的哭喊声，让人听了胆战心惊。此后，家家户户大门紧闭，许多商店关门不做买卖，街道显得冷冷清清。偶尔有过路的人，也是匆匆忙忙，不敢稍作停留。尽管小翠英哭喊着要出去外边玩，陈茶更是紧闭家门，不让小翠英踏出家门半步。

但，不愿看到的事情还是发生了。在紧锁家门三天后的清早，陈茶发现小翠英发烧了，她的心猛地提了起来，口中不停地念："阿弥陀佛，阿弥陀佛……""菩萨，求求你保佑我家翠英……"尽管她不停地祷告，尽管她细心地照料，小翠英还是高烧不退，一连躺在床上好几天，吃不下饭，浑身乏力，没多久，小翠英的脸上、手臂、腿部等部位，都出现了红疹，气息也越来

---

② 天花是天花病毒引起的一种传染病，人被感染后无特效药可治，病死率高，患者在痊愈后脸上会留有麻子，"天花"由此得名。天花病毒的蔓延，曾经夺去了无数人的生命。直到1980年5月，世界卫生组织宣布人类成功消灭天花，这样，天花成为最早被彻底消灭的人类传染病。

越细微了……

看到孩子如此之情形,陈茶整颗心揪在一起,她感觉有一种邪恶的力量,正慢慢地向孩子靠近,要夺走她心爱的孩子的一切。她的眼泪夺眶而出,也顾不得天花的传染,在简易地做了一些防护后,她坐在小翠英的床边,把熬好的稠稠的米粥,一口一口送进小翠英的嘴里,泪水也止不住,一滴滴落在盛着米粥的碗里。

"查某囝儿,你得坚强,靠自己去拼!阿母也不知按怎帮你了,心肝已经痛袂死!"[3]陈茶念着,哭着,守着,也不知道过了多少的日子,奇迹终于出现了,她发现小翠英的红疹处开始化脓,又渐渐开始结痂,身体也逐渐恢复了。一日,小翠英终于睁开了疲软的双眼,对着陈茶看了许久,然后缓缓地说了声:"阿母,我想出去玩!"说完又疲惫地睡着了。

这让陈茶欢喜了一会儿。这段日子以来,陈茶的思绪是全然混乱的,她都记不清煮过多少的粥,哭掉多少的泪,让她欣慰的是,小翠英并没有向命运低头,终于靠自己顽强的意志,战胜了病魔,躲过了死亡的威胁,这真是"老天心疼苦命人"啊!

尔后,小翠英的身体也恢复得很快,她脸上、身上、腿上结痂处慢慢发展成疥癣,然后慢慢剥落。遗憾的是,"天花"留下

---

[3] 闽南方言,大意是:我亲爱的女儿啊,你要坚强,靠自己去战胜病魔,妈妈也不知道怎么帮你,我的心肝已经痛到要死了。

的麻子疤痕，却永远烙印在她美丽的脸上。二十多年后，在晋绥的抗日战场上，抗日队伍与老百姓的关系亲如鱼水，当地百姓也没把李林当外人，大家遇到难事都爱找李林出主意，很多长辈还不忌讳地直呼她"李疤子"，李林也都大咧咧地高兴接受，反倒觉得这个称呼亲切。

约莫一个多月后某个清晨，天花席卷过的龙眼营，显得分外宁静。陈茶家的窗外，有几只鸟儿在唧唧地叫着春天，初春的暖阳也从窗户里斜射了进来。一大早，陈茶显得有些兴奋，待吃过早饭，她把小翠英打扮得漂漂亮亮，然后对小翠英说："今天，阿母要带你去玩了！"

"阿母，去哪里玩啊！"小翠英听说可以出门了，高兴得手舞足蹈，一个多月了，她都快憋疯了。

"暂时保密！"陈茶故作神秘状，说完就拉起小翠英往门外走。其实，她要带小翠英去的，正是千年古刹南山寺。自从小翠英得了天花，陈茶日日念佛祈愿，这次小翠英终于战胜病魔了，她特地带小翠英来给菩萨还愿。④南山寺位于九龙江南畔的丹霞山麓，是闻名海内外的有着一千多年历史的佛教大寺院。据《颍川陈氏开漳族谱》记载，唐开元年间（713—741年），京官太子太傅陈邕谪居兴化，后迁漳州，于通津桥南建宅院。建筑宏伟，建造形似宫廷，有奸人说陈邕兴造皇宫阴谋造反，皇上派钦差前

---

④ 闽南人"崇尚天地有灵"，民间尤喜拜佛敬神。

来查办。祸将不测之时，陈邕的女儿陈金娘含泪请求父亲舍宅为寺院，让她削发为尼，以保全家性命。陈邕虽然不忍，但也只能应允，即日请来法师，为金娘剃度为尼，并把她的闺房改为"修真净室"，依隋唐以来献宅田为寺院习俗，将府第改为"报劬院"。钦差大臣来了，见所建是寺院不是皇宫，据实复旨，陈邕才免予问罪。

南山寺

陈茶本与陈太傅同源为陈氏后裔，自小"金娘剃度救族人"的故事便在陈姓家族中广泛流传，金娘舍己为人的品格也深深地影响着陈茶。在陈茶朴素的心里，她把南山寺当成家庙一样虔诚祭拜，而且她也坚信，菩萨会保佑她的。

中山桥

　　从龙眼营到南山寺，路途虽然不太远，但要经过旧桥⑤。这一路让小翠英充满好奇，古城的城桥楼阁深深地吸引着她，她一路上更是玩得不亦乐乎，直到到了南山寺，走进正殿，看着"妙相庄严"的佛像，小翠英才安静了下来，她感到些许害怕，待看到母亲虔诚地跪拜，她也学着母亲的样子，双手合十，把身子弯了下去。

　　这一刻，震撼孩子心灵的，是善良，是感恩！

---

⑤旧桥：漳州市中山桥俗称，始建于宋绍兴年间，数毁数建。

第六章　我的阿爸在哪儿

古城文庙留下李林许多童年的回忆

从死神手里逃脱出来的小翠英，生命绽放出更大的活力。陈茶也尽量不让孩子待在家中，除了上南山寺礼佛，她也常常带着小翠英去文庙[①]听义学，去看布袋木偶戏[②]，去

[①] 漳州文庙是我国四大孔庙之一，也是漳州城内最大的古建筑群，全国重点文物保护单位。始建于宋庆历四年（1044年）。历经900年沧桑，屡废屡兴，漳州文庙具有很高的古文化和历史文物价值，是漳州文化发展史重要的实证物。

[②] 布袋木偶戏是漳州市地方传统戏剧，国家级非物质文化遗产之一。漳州布袋木偶戏源于晋，承于唐，兴于宋，盛于明清，是由木偶表演、剧目、音乐、木偶制作、服装、道具、布景等组合而成的一种综合性艺术，其特点是用指掌直接操纵偶像进行戏剧性的表演，使之活灵活现，栩栩如生，既能够体现人戏的唱、念、做、打，以及喜、怒、哀、乐的感情，又能表演一些人戏难以体现的动作，具有技巧高超、造型精美等独特风格。

古城文庙全景

逛古城老街的牌坊③，再去公园听老人"讲古"④……她带着小翠英，踏足文化底蕴深厚的漳州古城的每个角落，古城悠久深远的历史文化气息，也陶冶与满足了小翠英的好奇与求知欲。

因此，小翠英从小就能讲述好多流传于漳州一带的本地故事，比如：郑经围漳州、吴田攻古县、"破肚将军"蓝理、郑成功收台湾等。一日，小翠英一边玩着一个小木偶，一边喊着要妈妈在小木偶肚皮上缝上一块布。陈茶很是不解，不料小翠英却郑重地说道："蓝理将军的肚皮破了，不补怎行！"那一脸严肃的样子，把陈茶逗得捧腹大笑！

---

③漳州现存石坊中最具代表性的石牌坊建筑有四座，均属于全国重点文物保护单位。其中，新华东路的牌坊，保存较为完整，据说，建于清康熙年间，为福建水师提督蓝理所立。上有康熙御书"勇壮简易""所向无前"两匾，是康熙用于表彰"破肚将军"蓝理奋不顾身收复台湾的功勋。牌坊石雕精美，不仅有康熙御书字迹，且雕刻着洋人形象，别具石雕艺术，为国内石坊中所罕见。

④讲古是闽南地区特有的曲艺形式，产生于清代中后期，至今已有百余年历史。讲古运用闽南话丰富的词汇、特有的韵律及谚语、俗话、掌故、歌谣等谈古论今，让听众在欣赏艺术的同时自然而然掌握闽南历史、风俗、社会生活等方面的知识，起到寓教于乐的作用，因而深受闽南当地群众的喜爱。

"勇壮简易"牌坊

漳州府埕

不过，陈茶在家忙的时候，小翠英也会到巷角和邻居的小伙伴玩。那时，小翠英像个"假小子"，她不和小女孩玩，也不喜欢和自己年龄相仿的孩子玩，却喜欢和一些年纪大的男生，一起玩走正步、喊口令、打巷战等类似军人的游戏，这种特殊的喜爱，可能跟当时的历史背景有关。

1917年，张勋复辟失败，段祺瑞毁弃约法，孙中山南下广州护法，并被举为海陆军大元帅。1918年4月起，陈炯明接受孙中山任命率粤军警卫军20营兵分三路向闽进攻，经百余战，始于9月1日进占漳州，并建立直辖闽西南27个县的闽南护法区。陈炯明主政漳州后，便开展了轰轰烈烈的护法运动，闽南护法区成为孙中山反对军阀进行护法的唯一"根据重地"，其驻守的军队也常在漳州的街头行进、操练，给漳州古城带来新的气象。

军人的威武与庄严，震撼着小翠英的心灵，使她从小就有了追求、有了信仰，这种信仰是朦胧的、模糊的，但也促成了她日后成为一个优秀的军人，成为一个优秀的共产党员。

虽然小翠英年纪小，身材瘦弱，走起路来摇摇晃晃的，但她从来不认输。有一次，一个小男孩被小翠英缠住，他无意中大喊道："你这个没有爸爸教育的野孩子，赶紧回家去找你妈妈！"

小翠英起先愣住了，而后咧开嘴大哭着跑回了家，边哭边喊着"阿母"，这可把陈茶吓坏了，以为孩子摔着了，她抱起孩子上下端详，也没找着哪里磕着碰着，就疑惑地问道："我们家的阿英仔[5]是怎么了，怎么哭得梨花带雨的？"

"他们……他们……说我是没有爸爸……教育的……野孩子……"小翠英边哭，边说。

"没有爸爸……"陈茶的眼泪落了下来，思念的种子又开始在心中发芽了，有关丈夫李瑞奇的样子，她都已经越来越模糊了，自1897年丈夫下南洋，至今二十一个年头，要不是丈夫偶尔寄来侨批[6]，她都不知道如何来排解心中的孤苦与凄凉。可是如今，孩子的这番话，却又勾起她对丈夫无尽的思念之情，这些年，她也常听到丈夫的一些风言风语，她心里虽然觉得苦，但还是相信丈夫一定是好丈夫，将来也会是一个好爸爸。

于是，陈茶连忙擦掉眼泪，对小翠英郑重地说道："阿英仔，你不是没有爸爸，而是有一位勤奋努力、刻苦拼搏、热心公益、热爱祖国的爸爸……你过来……"她拉起小翠英的手，来到自己的梳妆台前，坐下，取出一个铜木结构的梳妆盒，翻开，只见梳妆盒原本放置镜子的地方，放着一个英俊男人的形象，"这个就是你阿爸，叫李瑞奇，你看你阿爸，长得多俊……"她轻轻地说着，抚摸照片的手忽然触碰到盒子底下那厚厚一叠的侨批，

---

[5]在闽南地区，年长者一般称呼小孩喜欢在孩子最后一个字的前面加"阿"，后面的"仔"代表发长音。

[6]侨批：专指海外华侨通过海内外民间机构汇寄至国内的汇款暨家书，是一种信汇合一的特殊邮件载体。广泛分布在福建、广东、海南等地。闽南方言把信读为"批"，闽南华侨与家乡的信汇往来便叫"侨批"，也称"番批""银信"等。

那些她看不懂字、却又让她泪流满面的批,便是她情感的全部寄托啊!"这些,都是你阿爸寄来的批,等你长大了,你就能读懂了……"

小翠英懂事地点着头,眼珠子好奇地盯着阿爸的照片。

"你阿爸的故事可多了,我记得我们刚结婚的时候……"陈茶开始娓娓讲述起来,她的脸上洋溢着甜蜜的微笑,此时,才是她最幸福美好的时光。此时此刻,在小翠英的心中,阿爸的形象瞬间高大具体起来。

不一会儿,小翠英就倚着陈茶,头靠在陈茶的腿上,进入了甜甜的梦乡,她已经梦到自己的爸爸了。陈茶见孩子睡了,便停下话匣子,她一只手抱着孩子,一只手轻轻地抚摸孩子的头发,身体轻轻靠着梳妆台,陷入了深深的沉思中……

第七章　放水灯以寄相思

陈茶下定决心，一定要带小翠英"下南洋"寻找丈夫，她要给女儿一个完整的家，虽然她还是害怕那一路的风浪，但是，每每看到小翠英活蹦乱跳的样子，陈茶就更坚定了决心。

很快，时间就到了这一年的农历七月。在闽南地区，农历七月俗称为祭鬼节，故闽南民俗祭事繁多。从农历七月第一天开始，闽南地区各村落都有不同形式的祭祀活动，大多称为"普度节"[①]或"中元节"。村民们以丰盛的菜肴酒食祭祀无主孤魂野鬼，感化其属，劝其向善，使他们早日脱离地狱之苦。祭拜结束后，亲戚邻里互相宴请看"普度戏"，吃"普度宴"，请到的人

---

① "普度"是福建闽南沿海地区（包括金门）的一种民俗文化现象，它是糅合农历七月十五日道教中元节和佛教盂兰盆会而形成的民俗节日。普度是在农历七月举行的，其祈求的内容甚多：或祈死者无厄幽沉滞之悲，或求生者获五福康宁之祉，或祈雨泽以抗旱，或冀赦过以除怨等。

越多越好。陈茶所居住的龙眼营，农历七月也是祭祀活动不断，其中，最热闹的当属初十当晚，芗江南岸水月亭放水灯，数千盏五颜六色的莲花水灯漂浮在水面上，蔚为壮观。参观的人群人来人往，热闹非凡！

据史料记载，漳州地区放水灯习俗始见于宋，传说放水灯的作用是，用神的光辉破幽冥，使亡灵乘光得悟，脱出冥界，享受人间供奉。因此放水灯有"开光引道、普度孤魂"之说。但随着时间的推移，放水灯的民俗，不仅有祭祀的意义，同时也寄托着人们心中美好的期盼。特别是当时，漳州地区"下南洋"创业讨生活的人越来越多，以当时的条件，漂洋过海可谓九死一生，为寄托思念与祝福，每年农历七月初十，芗江南岸水月亭的放水灯习俗，热闹程度一年胜过一年。

眼看又到了一年一度的放水灯节。陈茶同往年一样，从农历六月中旬就开始准备了。每日里，她一得空闲，手中就不停忙活起来，直到临近月底，她才把水灯纸船做好。做好的纸船显得特别精致，陈茶还把它专门摆放在家中的佛龛上，不许他人触摸，自己则天天供香礼佛，口中念念有词。这一切都让小翠英看得既神秘，又新奇。

到了农历七月初十这一晚，陈茶早早就给小翠英洗好澡，又把小翠英打扮得漂漂亮亮的。她走到佛龛前，双手合十，口中念念有词，礼毕，便一手拿起水灯纸船，一手牵起小翠英的手，然

水月亭

放水灯

后就朝水月亭的方向匆匆走去。此时，夕阳刚收尽天边最后的一抹晚霞，芗江两岸已是人头攒动，就连堤岸边的榕树上，也都爬满了看热闹的人。

绕过人群，陈茶带着小翠英来到了水月亭，来放水灯的众信徒早已排好队伍，他们在头家②的引导下，拜佛，诵经，然后一批一批有序地到江边放下水灯。不一会儿，数千盏水灯随水流漂荡，夜幕下的芗江江面一时间被点亮了，引来前来观看的人潮一阵又一阵的感叹。有诗赞道：七月初十水月亭，千家万户放水灯；灯光盏盏照芗江，疑是银河在眼前。

小翠英也被眼前的热闹场景给震撼住了，一路上，她一句话也没有说，待到母亲陈茶唤她的时候，她才明白，原来母亲是要她来放水灯的。于是，她接过了母亲手中的水灯，蹲下腰，轻轻放入江边，水灯就缓缓漂游出去，融入了五颜六色的水灯中去了。

"阿母，我们为什么要放水灯啊？"小翠英不解地看着陈茶的脸。

"因为我们要祈愿你的爸爸，祈愿他在南洋平平安安。"陈茶说完，泪水开始滂沱了，如同断了线的雨珠，密密麻麻下个不停。

---

②头家：闽南地区乡村祭拜神明的负责与组织者，一般每年选一次，于每年固定的时间在神明前掷筊选出。

这一晚，放完水灯后归家，陈茶的心情难以平静，她带着小翠英上了自家的屋顶，母女俩横躺着，遥望着天空。在龙眼营，农历七月的天气显得有些闷热，几丝细风吹过，带来了些许的凉意。繁星满天，把整个夜空点缀得亮闪闪的。

"阿母，天上的星星好漂亮啊！它们在跟我们眨眼呢！"

"阿母，那些星星好低好低，我们可以摘得到吗？"

"阿母，星星如果掉下来，会不会砸到我们头上啊？"

小翠英叽叽喳喳地问着各种问题，本有些烦闷的陈茶，却被逗乐了，她一手搂着小翠英，一手指着天上的繁星，轻声说道："阿英仔，你看，那星星多得发白的地方，叫银河，银河上方那颗最亮的星，叫织女星，下方那颗最亮的星，叫牵牛星。前几天七夕节，牛郎织女正在鹊桥相会呢！阿英，你想不想听一听牛郎织女的故事啊？"

"阿母，想！"

"传说在很久很久以前，在南阳河西有一个聪明忠厚的小伙子，叫牛郎，他父母早亡，被狠心的嫂子赶出家门，每天只能跟老牛相依为命。一日，他巧遇了织女，二人互生了情愫。织女本是天帝的孙女，擅长织布，每天给天空织彩霞。她讨厌这枯燥的生活，后来就偷偷下到凡间，私自嫁给牛郎，过上男耕女织的生活。此事惹怒了天帝，他把织女捉回天宫，责令他们分离，只允许他们每年的农历七月初七相会一次。牛郎织女的坚贞爱情感动了喜鹊，无数喜鹊飞来，用身体搭成一道跨越天河的喜鹊桥，让牛郎织女在这一天能够跨越天桥得以相会……"

"阿母，这个天帝也太狠心了！"

陈茶还沉浸在故事中。

见母亲没有回答，小翠英自言自语道："怎么每年才能见一次？我一刻也不想离开我阿母！"

此时的陈茶，心事更加沉重了。

第八章　漂洋过海下南洋

不久后，陈茶就托人给远在印度尼西亚的丈夫李瑞奇写批，表达自己前往南洋的意愿，没想到，她很快就收到了丈夫允诺的回音。

1919年春，在陈茶盼了好几个月后，她终于携着小翠英，踏上了一艘前往印度尼西亚的运输船，开始了她们"下南洋"的征程。

运输船是木制的，在风浪中摇摇晃晃的，说是运输船，实际上船上载着的却不完全是货物，还有许多想到"南洋"淘金的华人[①]，他们大多以偷渡的方式，离开故土前往异国他乡当苦力，所以一上船就被中间人关到船舱中，靠着自带的干粮和水度日，

---

① 在18世纪荷兰殖民统治印尼的中期，移民印尼的大批华人主要是寻找商机的商贩。到了19世纪末20世纪初，移民印尼的华人大多是难民，或是到先期发展起来的华人的甘蔗种植园里当苦力的。

又得忍受风浪的颠簸，能不能活着上岸，不仅要靠运气，还得要靠顽强的生命力和求生的意志力。

老木船

陈茶和李翠英就乘坐在这艘船上。在船舱里，陈茶早已吐光了肚子里的一切食物，就连苦水也吐没了，尽管这样，她还一直反胃，似乎要把心啊肝啊肠啊全都吐出来才舒服。和大多数乘客一样，船刚到海上，陈茶就已瘫倒在船舱里。而4岁的小翠英，这时却表现得异常奇特，船在海浪上颠簸，船舱里的人站都难以站稳，都又晕又吐的，她却像在平地里，说颠簸的船如摇篮一样舒服，还不时发出咯咯的笑声。她的笑声清脆动听，在这样特殊的环境里，就像晨曦中的鸟鸣，给这些本已被晃晕的同行人带来无尽的希望和无穷的力量。这些同行人也都是苦命人，在运输船行驶平稳的时候，他们喜欢和小翠英亲切地攀聊上几句，这样也能暂时缓解自身的难受。甚至有的人还从怀里掏出珍藏的食物和水递给翠英，小翠英成了大家同行时光共同拥有的快乐源泉。

长大后，李翠英也一直有着好人缘。在学校里，她身边从不缺好同学；在生活中，她身边从不缺好朋友；在晋绥的抗日前线，她身边从不缺的也是愿意用生命来保家卫国的好战友。

也不知道熬过了多少个日夜，船一直行进着，没有停歇。直到一天深夜，船忽然停了，一下子把船舱里刚睡熟的人都惊醒了，他们不知道外面发生了什么事情，一个个紧张地站立起来，竖着耳朵倾听船舱外的声响。

几只海鸥的叫声传了进来，不一会儿，就听到两个人的对话：

"还好，这一趟还算顺利，没遇着海盗。"

"呸！呸！呸！乌鸦嘴！说什么海盗，好的不灵，坏的灵！这趟没遇着，引来下一趟。"

"没那么倒霉吧！"……

说话间，船舱的门突然被人从外面打开，一个人头伸了进来喊道："大家准备一下，要靠岸了。"

"哇！到了！"船上的人都兴奋地喊了起来。

"阿母，到了！"一路的呕吐，早已让陈茶筋疲力尽，她一直不敢睁开眼,一路念着"妈祖保庇",直到小翠英的一声呼唤,她才轻舒了一口气,这个她梦了二十几年的异乡,这片留住丈夫的土地,她总算抵达了。

　　船靠岸了,当陈茶带着小翠英踏上这片陌生的土地,就远远望向前来接她们母女的李瑞奇。没有久别重逢的冲动,陈茶只是依稀从照片里寻找那个熟悉的轮廓。当她拉着小翠英的手,轻轻地走到丈夫的面前,却忽然感觉眼前的这个人,变得陌生了起来。

　　"来了。"李瑞奇轻淡地问了一句。

　　"嗯!"陈茶也轻淡地回了一句。

　　只有好奇的小翠英,她紧紧地拉着母亲的手,一会儿看看这个穿着洋气的中年男子,一会儿看看母亲,眼珠子不停地转着,心中充满无数的疑问。

　　"你批上说的孩子,就是这个女孩?"

　　陈茶没有直面回答,而是拉起小翠英的手,然后急切地说道:"翠英,快叫你阿爸!"

　　"阿爸?"小翠英更加疑惑了。

　　"是的,伊②是阿母经常给你看的那个照片里的人,你阿爸!"

　　"阿爸……"小翠英新奇地叫了一声。

---

② 闽南方言,第三人称,指"他"或"她"。

李瑞奇轻点了下头，然后打量起来：小女孩留着短发，一身男孩子打扮，眼睛虽小却炯炯有神，小脸方圆却麻点斑斑，个头儿不高却充满活力，言语不多却独具灵气。李瑞奇似乎已经看到了这个小小身体里所聚集的能量，他心想，这孩子日后必成大器。想着，忙转身拉上行李上车，将陈茶母女接回家中。到家时，客厅里有个妇人在忙活，陈茶有些诧异，待其要开口时，李瑞奇已经说话了。"高容，你过来，这个是陈茶，是我在唐山[3]的结发妻子。"说着又向陈茶介绍道，"她是我在这边娶的女人，叫高容。以后，大家就是一家人了！"说完，李瑞奇就转身走了。

两个女人相互看了一眼，轻点一下头，算是认识了。

少年时期的李林

---

[3]唐山原指"大唐江山"，因唐朝在当时为世界最强盛的国家之一，声誉远播。自唐以后，海外多称中国人为"唐人"，称中国大陆为"唐山"。后来，"唐山"也成为港澳台同胞及海外华侨对祖国或故乡的一种习惯称呼。

第九章　落后就要受压迫

自从陈茶到来以后，李瑞奇就更加忙碌了。毕竟两位妻子同住一个屋檐下，他也不知以后会惹出什么事端来。即使他清楚，陈茶也理解他二十几年来漂泊海外，身边也需要一个能照顾他的女人，但他还是不好将两个人安排在一起。于是，李瑞奇在另一条街新开了间食杂店，取名"瑞林号"，让陈茶边带小翠英边做经营，同时还雇了两个当地人帮忙打杂。就这样，陈茶和小翠英总算在印尼爪哇安顿了下来。

"瑞林号"食杂店虽然不大，但麻雀虽小，五脏俱全。陈茶是一个思想相对传统的中国妇女，她慈祥、善良、忠厚，平日里也不拘小节，不与人多计较，逐渐地，周边人都认可陈茶的为人，对她更是信任。当时，来印尼爪哇讨生活的华侨很多，他们也逐渐将"瑞林号"食杂店当成了闲时欢聚的地方。

就这样，陈茶很快融入了当地人的生活，小翠英也因此接触很多讲家乡话又特别亲切的人。起先，来这里的人们并没有注意到小翠英，他们闲时一坐下来，就能东拉西扯一整天。但是小翠英从不惧生，也从来不在乎别人讨论她脸上的麻子，而是整天乐呵呵地帮妈妈跑前跑后的，也乐意给客人端茶倒水，于是大家也逐渐喜欢上这个麻子脸女孩，总是夸她勤快、乖巧、聪明、勇敢、可爱。有时候大家正在侃大山，见小翠英来了，都争抢把她抱在腿上，然后才又乐呵呵地接下去闲扯。

等小翠英长大了一些，她也结识了不少邻居的印尼小朋友。有一次，她受印尼小朋友之邀，准备去一家游泳场玩，刚进门口，就被那里的警察用警棍赶了出来。警察挥舞着警棍厉声呵斥，这里的游泳场是高贵人的场所，华人和印尼人都不能进去。

小孩子根本就不懂什么事，"哇"地全都大哭起来。那警察也不管他们还是小孩子，一棍子就打过来，把孩子吓得都狂奔回了家。

"为什么游泳场不能让人进去？"回到家，小翠英还委屈地哭个不停。

陈茶赶紧抱住小翠英，边抚着她的头，边安慰道："阿英仔，不让去的地方，我们就别去，我们这里也很好玩啊……好了，不哭啦，不哭啦……"

食杂店的几位常客，本在喝茶闲聊，见状纷纷站起，愤愤不平地说道:"这些欧洲人真不是好东西,我们华人这么拼命为他们赚钱,他们还不把我们当人看!"

"被压迫还能怎么样,难道还想反抗?"

"是啊!'红溪惨案'①过去快200年了,其凄惨程度至今让人心寒,谁敢反抗?难道还要再来一次吗?"

"唉!"众人无奈地叹息着。

事实也的确如此!当时在荷兰殖民印尼时期,人的等级区分是很分明的②。那时在印尼,欧洲白种人是社会的第一等级,他们出入豪宅、公园、游泳场等高档场所,出个门都是一帮用人跟着,坐在轿车里,路上遇到不让道的,便颐指气使,甚至随意打骂路人。在"瑞林号"食杂店里,陈茶也慢慢养成了一种习惯,

---

①16世纪下半叶,为了追逐香料贸易的暴利,荷属东印度公司的殖民者入侵爪哇岛,从而开始了对印尼长达三百多年的统治。总部设在巴达维亚(今雅加达),简称巴城,荷兰人占领之初,巴城是个人口只有一两千人的渔港小镇。为了把这个小镇建成印尼的政治中心和最大的商港,荷兰人采取了许多措施。其中之一,便是招徕中国商船前来贸易并输入更多的华工。至18世纪初,巴城已发展成为有10多万人的城市,华侨人数增至近2万人,他们主要从事工匠、饮食、制糖、酿酒零售等行业。此时,荷兰殖民者因为惧怕华人和当地人联合起来反抗殖民统治,开始推行反华政策。1740年10月9日巴达维亚殖民当局借口搜查军火,命令城内华人不准出门,派军队挨家搜捕华人,并且鼓动当地人对华侨疯狂屠杀洗劫。屠杀持续7天,城内华侨不论男女老少被杀者上万人,仅有100余人逃生。荷兰殖民者做贼心虚,深怕当时的清政府问罪责难,总督瓦尔庚尼尔被逮捕入狱并死于监中。腐败无能的清政府却以海外华侨是朝廷罪人,惨遭屠杀无关朝廷痛痒,对荷兰凶手也不追责。

②荷兰殖民印尼时期,由于当地华侨聪明、勤奋,有能力管理大型农场,荷兰人便把华人当作管理原住民的道具,缓冲荷兰对印尼的殖民统治。荷兰确分印尼社会人的等级,以此来故意制造社会矛盾,便于自己的殖民统治。

荷兰殖民时期的印尼爪哇，当地建筑也充满了西式风格

若遇到欧洲白种人拿东西，他们愿意给钱，她就收，不愿意给的，她就假装没看见，免得自找苦吃。华人和阿拉伯裔是社会的第二等级，他们大多有自己产业，当然也有去荷兰人那里打工做管理的，但至少还是有身份的。而当地的土著人即印尼人，则处在社会的最底层，他们什么苦活、累活、脏活都得干，工资又很低，遭受无端的打骂更是家常便饭。

一日，小翠英和一群小朋友在食杂店门前的街上玩耍，忽然就看到一群荷兰人在追打一个印尼人，印尼人血流满脸，双手抱住头在地上打滚，那些人还是没停下，好多人围观了上来，却没人敢上前阻止。小翠英见了，赶紧撒腿跑回家，她拉住母亲的手,急匆匆哀求道:"阿母,一个印尼人要被打死了,赶紧救救他吧,赶紧救救他吧……"

陈茶一时不知怎么回答,她只是抱紧小翠英,生怕小翠英受到一点伤害,嘴里喃喃说道:"落后就要受压迫……"

"阿母,救救那个印尼人吧……"小翠英在母亲的怀里继续哀求着,但声音明显缓和了。

"阿母太弱小,只够保护阿英仔……"陈茶又喃喃说着,把小翠英抱得更紧了。待小翠英情绪平缓了下来,陈茶把她抱在自己的腿上,然后指着家乡的方向,缓缓地说道:"阿英仔,你知道我们的家乡福建,有一个湄州湾,那里有一个叫林默的姑娘,世称林默娘,她一生在大海中,救急扶危,在惊涛骇浪中拯救过许多渔舟商船;她立志普救众生,护佑渔民,专以行善济世为己任……后来,林默娘羽化成仙,此后,航海的人又常见她身着红装飞翔在海上,救助遇难呼救的人。林默娘就是我们供奉的妈祖,她是海上女神,是我们海边人的保护神……"

小翠英听得津津有味,她似乎已经看到波涛汹涌的海面上,一尊金光闪闪的妈祖神像矗立着,美极了。

"阿英仔,阿母给你讲妈祖的故事,就是希望你长大能成为一个善良乐施的人,不欺负弱者,不惧怕困难……"

"阿母,我长大后,要成为妈祖一样的人!"没等陈茶讲完,小翠英就兴奋地喊了起来。

陈茶觉得小翠英这样讲话犯了忌，连忙双手合十，嘴里不停地念了起来："妈祖保庇！妈祖保庇！……"

儿时这段海外漂泊的经历，深刻地烙印在小翠英的心里，1939年9月30日，李林在写给中央妇委的信中就这样写道：

"……我是福建人，因为我父亲在荷属的爪哇经商，所以我便是该地长大起来的，我能够说那边的马来话，那里的文字我也略为知道一些，但现在大都忘了，因为我十四岁的时候，便已经回到了祖国。在那时候，我只带回来一个深刻永不会磨灭的印象，那是：荷兰人对于当地爪哇人专制的统治与残酷的压迫和中国人在那里的不自由。在一个小小的心灵里，老是绕着中国人为什么不会团结？爪哇人为什么不会团结？为什么情愿受人家的压迫？为什么受人家的统治不会反抗？……"

残酷的现实，早已在一个看似弱小的女孩心中，植入了勇于反抗、勇于斗争的精神。

第十章　女孩也能上学去

　　平稳的日子总是过得特别快，一晃几年就过去了。

　　1923年2月15日，印尼的华人再次迎来了他们在异国他乡的隆重日子——壬戌年除夕夜。从农历腊月二十开始，陈茶的"瑞林号"食杂店就忙碌起来，一会儿有人买春联，一会儿有人买甜点，一会儿有人买水果……小翠英已过完八岁生日，她跟着母亲忙上忙下，不亦乐乎。临近除夕那几天，过节的氛围更加浓郁，华人家里都忙着备年货，又是蒸年糕、蒸碗糕、蒸红龟粿的，又是煮猪肉、蒸鹅、蒸鸡鸭的；孩子更是开心极了，他们聚在一起玩着孩童的游戏，忙累了回家吃点刚出锅的糕点，喝点猪、羊、鸡、鸭边角料炖的汤，就已经心满意足了。

　　除夕当天清早，男人们早起忙着贴春联、挂灯笼、挂中国结等，女人们吃完早饭就开始祭拜祖先。下午四时左右，丰盛的年夜饭就准备好了：有蒸的煮的炖的炒的各种菜品，也有特制的甜糕、红鸡蛋、长寿面等副食，当然最重要的，也是必备的，是印尼当地华人认为吃了能带来好运财源的"捞鱼生"，这道菜可是要下功夫的，切得齐整的一块块生鱼片，被整齐地摆放在巨大的盘子里，上面伴着萝卜丝、粉丝、土豆丝、黄瓜丝等作料，色泽淡雅，气味清香，让人未及品尝就已垂涎三尺了。待全部的菜品都准备齐了，李瑞奇招呼一家人坐下，并给小翠英发了压岁钱，小翠英也懂事地向长辈献礼，大家互相祝福，祈求来年好运健康。

餐毕，男人聚一起聊天喝茶，女人们收拾桌子碗筷，孩子们则约一起，如放飞的小鸟奔向大街。街上处处张灯结彩，灯火通明，武术表演、龙狮表演、民族舞蹈、乐器演奏、灯笼庙会、集会花市……人潮涌动，异常喜庆，热闹非凡。孩子们都兴奋极了，直到午夜钟声敲响，烟花爆竹齐鸣，才不舍地归了家。

正月的年味依然很浓，可初七刚过，小翠英常常玩在一起的几个男孩，却忽然背起书包上学去了，这让小翠英一下子孤单了起来。每次在食杂店门口，看着曾经的玩伴背着书包上学的背影，小翠英就不由得忧伤起来。

这一日，趁母亲闲暇时间，小翠英赶紧上前牵起母亲的手，撒娇地说："阿母，为什么其他小朋友可以上学，而我不能上学啊？"

"因为你是女孩子啊！"陈茶平淡地答道。陈茶是在封建礼教的社会体制下成长起来的传统妇女，她的心里始终认为，"女子无才便是德"。女孩子嘛，小时学点女红，稍长点就得嫁人生娃了，以后相夫教子日子长着呢，哪有时间去读书啊！读书是男娃的事！

"难道，女孩子就不能读书？"小翠英不理解母亲的话。

陈茶一听，有些忧心起来，她耐心地说道："阿英仔，你还小，等你长大了你就会明白的。我们女人生来都是苦命人，书读多了，人就变傻了，以后连基本的妇人之道都不懂，就更惨了！"

"可是，为什么男孩子读书就不会变傻，偏偏是女孩子？"小翠英继续诘问道。

"反正不行就是不行！"陈茶见小翠英死缠烂打，就有些生气了。

见母亲发了脾气，小翠英哇地大哭起来，然后扭头就跑进里屋。这让陈茶又好气，又好笑，只好赶紧过去安慰，直到许诺买许多许多糖果，小翠英才安静了下来。

小翠英虽然安静了下来，可是她想上学的心却从未间断。每个清晨，当曾经的玩伴背着书包经过她家门口，小翠英就会望着他们的背影发呆，然后一整天开心不起来。

这一日，提前下班的李瑞奇约了几位好友来到"瑞林号"食杂店，席间，众人喝着茶，谈笑风生。忽然，小翠英就跑到了李瑞奇的面前，大声问道："阿爸，为什么女孩子不能读书？"

小翠英此话一出，众人都蒙住了，不一会儿，便哈哈大笑起来。

李瑞奇没有笑，他把小翠英拉到怀里，抱到他的腿上坐着，轻轻抚摸她的头发，然后温和地问道："是谁告诉我们家可爱的小翠英，女孩子不能读书的？"

"是我阿母！"小翠英娇嗔道。

李瑞奇示意众人安静，他沉思了一会儿，便缓缓说道："近日，我常看国内的报纸，其实，在国内，女子教育已经不新奇了。1898年戊戌变法后，在引进西方天赋人权、自由平等、个性解放等民主思想的同时，男女平等、妇女解放思想的理论也一起输入中国，女子教育逐渐被提上议程。1907年，清政府便颁布了《奏定女子小学堂章程》《奏定女子师范学堂章程》等规定，赋予女子上学之权利，并禁止女学生缠足。国内已经如此重视女子教育了，我们这些客居异乡的人，思想难道不能与时俱进？"他深深地叹了口气，继续说道，"我筹办了中华学校，为的是让客居这里的华侨的子孙后代，永远不忘自己的祖国，难道女子不是传家人？诸位有女儿的，也欢迎送来中华学校读书啊！"

众人纷纷表示赞同，唯有小翠英懵懵懂懂，她疑惑地盯着父亲，心里却猜不透个所以然来。

这时，李瑞奇看着楚楚可怜的小翠英，终于笑了起来，说道:"阿爸答应你,明年就让你上学!"

小翠英一听,连忙兴奋地挣脱父亲的怀抱,奔向了陈茶……

1924年春,又一年热闹的春节刚刚过去,已经九岁的李翠英,终于在父亲的支持下,和其他小伙伴一样背上了新书包,踏进了中华学校的大门。随她进入学生时代的,还有她的新名字,她父亲为她取的学名——李秀若。

之所以给孩子取名"李秀若",是因为从李瑞奇第一眼见到小翠英时,就感觉这个小女孩身上尽管幼时得过天花脸上留下麻痕,但还是透着一股"秀若天成"的气质,他希望孩子能永远保留着这种"天然去雕饰"的品质,因此以"秀若"为名,隐含"天成"之意。后来,李瑞奇陆续收养了李秀娇、李和成、李永成,交由二妻分养,取名循女为"秀"、男为"成"之规律。从此,李秀娇、李和成、李永成与李秀若四人,虽无血缘关系,却开始了胜似骨肉的姐弟缘,这是后话。

美丽的印尼风光留给李林的却是童年备受压迫的记忆

第十一章　不忘祖国好河山

自上学以后,陈茶发现女儿李秀若变了个人似的。她每天早晨如同快乐的小鸟飞向学校,放学回家也是神采奕奕,蹦蹦跳跳。看着女儿每天开开心心的样子,陈茶也感到特别欣慰。

然而,虽然四岁就随母亲陈茶离开祖国侨居印尼,但对家乡的记忆,却时常在李秀若童年的脑海里呈现出来:那美丽的水仙花,那高峰独立的圆山,那蜿蜒的九龙江;九龙江上连家船徐徐航行,宏伟的南山寺古钟悠扬;那望不到边的荔枝海、成片的香蕉林、高大的龙眼树;还有那一座座的红砖厝,那一条条狭长的雨巷……即使家乡的记忆难以磨灭,但随着年龄的增长,以及异乡的生活影响,对于"祖国",李秀若却没有清晰的概念。

20世纪20年代,中国属于北洋政府统治时期,辛亥革命后,旧的权威虽已被打破,但新的权威尚未建立。中国的政治实际上陷入一种极其混乱的无序状态。每日，聚集于"瑞林号"食杂店的华人，总离不开聊关于祖国的话题，什么"袁世凯""曹锟""孙中山""末代皇帝溥仪"……他们忧心忡忡，每次聊天，都是长吁短叹。

在一旁写作业的李秀若，却一遍又一遍地听到了"中国"。"中国是什么？""中国在哪里？"幼小的李秀若，心中也充满了疑惑。

那是李秀若上小学三年级的一天，国文老师来上课，老师进教室后随手将门掩上。他从文件夹里小心地拿出一张图，展开后挂在黑板墙上。

"这是什么？"教室里开始沸腾起来。

国文老师扫视了一下全班同学，把一根手指立在嘴上，"嘘嘘！"他用手势暗示大家不要喧哗，以免引起教室外面的注意，然后大声且自豪地说道："这是一张中国地图！我们祖国的地图！"

孩子们安静了下来，教室里鸦雀无声！

国文老师转身，拿起教鞭，一边指着地图，一边骄傲而有力地说道：

"孩子们，我们都是中国人，不能忘了祖国，不能忘了祖国的大好河山。大家瞧，我们的祖国幅员辽阔！这是从山海关到嘉峪关的万里长城，始建于春秋战国时期，历经数个朝代的建设，累计 2 万多公里。雄伟壮观的万里长城是人类建筑史上罕见的古代军事防御工程，是中华民族的骄傲与象征……

"这是黄河，我们的母亲河，中华民族的摇篮。这是长江，中华民族的伟大象征，哺育着一代又一代的中华儿女。这是京杭大运河，世界上最长的古代运河，是中华民族用智慧与血泪开凿出来的贯通祖国南北水系的大运河……

"这是北平[①]，这是天津，这是上海，这是广州，这是西藏，这是新疆，这是福建……这是宝岛台湾，如今被日本人占领，软弱的清政府，于1895年与日本签订《马关条约》，不仅向日本赔款2.315亿两白银，还将台湾地区割让给日本……

"这是香港……"

国文老师越讲越激动，他的声音在颤抖，手在颤抖，连表情都在颤抖。可是，他话音未落，教室的门突然"啪"的一声被人踢开，吓得几个胆小的女生惊叫起来。大家定神一看，一个穿西服戴呢帽的荷兰人凶狠地扑了进来，一把将国文老师推倒在地，又一把将中国地图扯下来丢在地上，还狠狠地踩上几脚，并用荷兰语[②]对国文老师发出狰狞的叫骂声："你，竟敢在课堂上胡说

[①] 北平：北京旧称，下同。

[②] 荷兰殖民印尼期间，仅仅针对地方土著的上层人物推广荷兰语，至于广大的普通人，反而推广地方语言来进行教学，甚至还编纂了一大批地方语言的词典、教材等。这也是荷兰殖民政府分而治之政策的体现，因为如果大力推广形态各异的地方土著语言的话，就无法在当地诞生一种具备强势地位的统一的语言，反而会人为地增加印尼各种群之间的隔阂，这样一来就极其有利于荷兰在当地的殖民统治。

什么？挂中国地图，讲中国地理，今天，我要解聘你……"

国文老师扶着墙壁爬起来，挺直胸膛正气地说："你，凭什么？"

"凭我是你们的教官！"③

孩子们都吓得不敢出声，此时，勇敢的李秀若站了起来，她走到国文老师的身边，关切地扶着国文老师，然后冲着荷兰教官大声喊道："我们是中国人，凭什么不能了解自己的祖国？"

荷兰教官见一个小女孩竟然敢责问他，便厉声地吼道："你们中国人是劣等民族，有什么资格在这里指手画脚，你……"他指着国文老师，厉声说道："你……你等着瞧！"说完，愤愤掉头而去。

见荷兰教官已走，孩子们才从惊吓中醒过来，他们纷纷向国文老师围了上来。此时，国文老师满眼含泪，他用颤抖的手，捡起地上的地图，用自己的袖子轻轻擦拭上面的印痕，然后语重心长地对孩子们说道："祖国羸弱，我们在异乡也会受欺凌，孩子们，你们要好好学习，有朝一日回去报效祖国，只有国家强大了，我们中国人才不会受人任意欺负了。"

国文老师的话，让孩子们都沉默了，这也许是一堂生动爱国

---

③荷兰殖民主义统治印尼三百多年间，一贯地实施其压迫、奴役、掠夺的残酷政策，对印尼人民和华人更采取愚民的策略，特别是华侨子女享受教育的权利更是受到不合理的歧视。尽管这样，热爱自己祖国的华侨，仍然在自己创办的学校里偷偷地上中文课，讲中国历史、地理、文化，千方百计让子孙后代不忘自己的祖国。

教育课，从此，"中国"这两个字也深深烙印在每一个孩子的心里。而此时，在李秀若的心中，"中国"这个名字，也越来越清晰了。

她在心里暗下决定，以后，她要更加努力学习，成为对祖国有用的栋梁之材。

第十二章　华侨旗帜闪光辉

有关解聘国文老师的事，后来在李瑞奇多方斡旋下，终于不了了之，最终得以平息下来。

其实，李瑞奇每年都得处理不少这类的事情，不仅是"中华学校"教师受欺负的问题，就是华侨家庭与荷兰人产生冲突时，也是他主动去调解，这当中少不了一些开销，他都是自掏腰包，从不与人计较。每次事情处理完，他还不忘叮嘱："我们都是唐山人，大家要团结一点，也要谦让一点！"当地的华侨都亲切地称呼他为"瑞奇伯"。

由于李瑞奇乐心助人，慷慨乐施，又关心华侨子弟的成长，所以在当地华侨中他深得众望，其所经营的"瑞南""瑞林"两家商行，生意也甚为红火。凭借自己的聪明才智及二十几年的辛苦奋斗，李瑞奇在外兰梦积累了不小的家业，出门也有私家车，身上从不忘带着不小数额的盘缠，吃饭还带着银筷①，在华人不受待见的荷兰殖民印尼时期，他也常常出入一些荷兰人的聚会，足见他在当时举足轻重的社会地位。但尽管如此，李瑞奇依然关心着血脉相连的华人同胞。

在李秀若的眼里，父亲李瑞奇就是个了不起的人物，她曾多次亲眼看见一些落魄的华侨来向父亲借钱，父亲从来不拒绝，也从来不要别人写欠条。有人为此常常劝父亲多慎重，而父亲解释说："善良是会传承的，现在你有能力帮助别人，别人以后有能力也会帮助其他人，我们华人就是靠互相帮助团结起来的。再说他们来借点钱主要是要回国当路费的。来印尼打拼这么几年，却赚不到回来的路费，这是多么可怜的事，我有能力资助他们一点，是应该的。倘若他们以后发达了，有能力帮助别人，把善良传播开来，让更多需要的人也受到帮助，这比他们还我钱，显得更加重要啊。"

"阿爸是个好人！"李秀若常常夸奖道，一双大眼睛忽闪着，清澈而透明。

听到女儿夸自己，李瑞奇多年浮沉商海所铸就的钢铁般的心，一下子柔软了下来。

日子渐趋平静。1928年，已经十三岁的李秀若进入小学四年

---

① 因生产技术落后，古人认为食物中的有毒物，可以让银制品变黑，便有了"银器能验毒"的说法。如今，随着科学的发展，人们已经发现银器并不能完全验毒。但时至今日，仍有很多人用银筷来检验食物中是否有毒。

级了。5月底的一日下午，李秀若和往常一样，放了学就回到食杂店里，一边做着作业，一边听着店里的华侨同胞喝茶闲聊。忽然，就见父亲李瑞奇神色匆匆地走了进来。

众人不解，纷纷问道："瑞奇伯，发生什么事了？"

"简直是惨绝人伦啊！简直是没有人道啊！"李瑞奇难掩愤怒，"国民革命军于5月1日克复济南后，日军以保护日本侨民为名，遂于5月3日派兵侵入中国政府所设的山东交涉署，将交涉员蔡公时割去耳鼻，然后枪杀，并将交涉署职员全部杀害。随后，日军进攻国民革命军驻地，在济南城内肆意焚掠屠杀，造成无辜中国民众被焚杀死亡者高达17000余人，受伤者2000余人，被俘者5000余人，一时血流成河，尸横遍野，惨不忍睹！"

众人听罢，皆气得咬牙切齿。可是，他们都是侨居异乡的人，也无法亲手手刃敌人啊！

"近日，我们的华侨领袖陈嘉庚[②]在新加坡掀起了声势浩大

[②] 陈嘉庚（1874年10月21日—1961年8月12日），福建省泉州府同安县集美社人（今厦门市集美区），是著名的爱国华侨领袖、企业家、教育家、慈善家、社会活动家，一生为辛亥革命、民族教育、抗日战争、解放战争、新中国的建设做出了卓越的贡献。晚年的陈嘉庚，请人在鳌园刻录"台湾省全图"，念念不忘国家统一。陈嘉庚倾尽一生财力兴办教育等公益事业，以尽国民天职。1913年，他回家乡集美先后创办了集美小学、集美中学、师范、水产、航海、商科、农林等校（统称集美学校）和厦门大学。厦门大学、集美学村各届师生都尊其为"校主"。1949年，应毛泽东主席的邀请，陈嘉庚回国参加政协筹备会。曾任中国人民政治协商会议全国委员会副主席、全国人民代表大会常务委员会委员、中华全国归国华侨联合会主席等职。曾被毛泽东称誉为"华侨旗帜、民族光辉"。1990年3月11日，国际小行星中心和小行星命名委员会把一颗编号为2963的小行星命名为"陈嘉庚星"。

的声援运动，并担任'山东惨祸筹赈会'主席，积极筹款救济难民，还发起轰轰烈烈的抵制日货运动……"

"阿爸，陈嘉庚是谁啊？"在一旁做作业的李秀若，也被父亲的言语震惊了，她连忙停下手中的笔，凑到父亲面前问道。

陈嘉庚

见是李秀若，本来义愤填膺的李瑞奇，却忽然变得冷峻起来，他转向李秀若，铿锵有力地说道："陈嘉庚是一位伟大的爱国者，是一位著名的实业家，也是一位毕生热忱办教育的教育实业家、名副其实的教育家，他是我们南洋的华侨旗帜，他办学时间之长、规模之大、毅力之坚，为中国及世界所罕见。他说：'民智不开，民心不齐；启迪民智，有助于革命，有助于救国，其理甚明。教育是千秋万代的事业，是提高国民文化水平的根本措施，不管什么时候都需要。'本着这样的办学目的和动机，他不惜倾资办学。1913年，陈嘉庚在家乡集美创办小学，以后陆续办起师范、中学、水产、航海、商业、农林等校共十所；另设幼稚园、医院、图书馆、科学馆、教育推广部，统称'集美学校'；此外，他资助闽各地中小学70余所，并提供办学方面的指导。1921年，陈嘉庚克服重重困难，再次认捐创办了厦门大学，这是华侨创办的唯一一所大学，也是中国唯一一所独资创办的大学。陈嘉庚倾资兴学、艰苦支撑、百折不挠，始终影响和激励着那些华侨同胞。在他的倡导下，许多华侨纷纷也到中国捐资兴学，一时蔚然成风，影响极为深远。"

李秀若听得入了神。陈嘉庚这种不计个人得失、心系国家民族的大仁大爱精神，正激荡着一位十三岁少女即将萌芽的心灵，使她陷入了深深的沉思……

李瑞奇无暇顾及女儿的神态，他依然慷慨满怀，继续说道："既然'山东惨祸筹赈会'已经在新加坡等地浩浩荡荡，我们客居印尼的华侨也不应该示弱，我们应该号召大家，也积极筹款救济难民，抗议日军的残暴行动！"

"对对对！我们也要积极响应起来！"众人纷纷响应，个个情绪激昂，于是大家开始热火朝天地讨论了起来。

此时，站在父亲面前的李秀若，看着父亲慷慨激昂、振振有词的样子，又看看周边的华侨同胞热烈争论的样子，她想，陈嘉庚固然伟大，但这些客居海外的华侨，他们哪怕弱小也愿意为祖国奉献自己的光与热，何尝不伟大？

从此，榜样的光辉形象，一个接着一个，悄然在她清澈而纯净的心灵中树立起来。

第十三章　满目疮痍是故乡

转眼间，陈茶和李秀若到印尼已快十个年头了。这个心地善良的闽南妇女，与侨居印尼的许许多多的华侨一样，虽然身处异国他乡，却始终保留乡风民俗，始终不忘乡情乡音。特别是在陈茶经营的"瑞林号"食杂店，华侨同胞更能感受到家乡的亲切与温暖，更时常勾起绵绵的乡愁。

1928年6月22日，农历五月初五，中国传统的端午节。大清早，陈茶就开始忙碌了，已经上小学四年级的李秀若放假在家，也跟着母亲前前后后忙个不停。陈茶之所以忙碌，更是因为这些常来照顾她生意的华侨同胞，这些常年漂泊在外的游子们，大多数是为了生计漂洋过海的单身汉，他们不会，也懒得去包粽子。于是，每年到了这个节日，陈茶都要提前准备更多的材料，包更多的粽子。她常常跟李秀若说："多包一些，请华侨兄弟们吃，一粒粽子，可是一份份难忘的乡情，你瞧他们吃到粽子的样子，甭提有多开心了。"每听母亲这么说，李秀若就包得越认真了。

这一日，母女和往常一样，边包着粽子也边聊着。忽然，不知道什么东西触动了下，陈茶忽然话题一转，就问了起来："阿英仔，你还记得漳州龙眼营的家吗？"尽管李翠英已改名李秀若，但由于多年叫唤惯了，陈茶一直唤李秀若"阿英仔"。

李林记忆中的中山公园新貌

说起了家乡，李秀若的记忆可深刻了，她眨着机灵的眼睛，兴奋地回答道："阿母啊，我都记得，我都记得，南山寺的大佛、文庙里的读书声、街角热闹的布袋木偶戏、好玩的古城老街的牌坊、公园旁老人的讲古、水月亭里放水灯，还有，还有端午节，划龙舟……"李秀若讲得兴高采烈。

这可把陈茶逗乐了，她笑得眼泪都差点流下来。许久，她才恢复了平静，面带忧伤轻柔地问道："那，阿英仔想不想回去呢？"

"想！"李秀若不假思索地答道。陈茶沉默了！她想起了前几天，她还和丈夫商量，要不要关掉"瑞林号"。

20世纪初，第一次世界大战的爆发，给人类带来空前的浩劫，给各国带来深重的灾难。大战结束后，世界格局发生了重大变化，各国经济发展极度不平衡。此时，为限制华侨在印尼的发展，各国在印尼的资本家疯狂排华，李瑞奇的公司也不无例外受到严重的打击。眼看着"瑞南""瑞林"两家商行的经营日趋惨淡，又兼思乡心切，陈茶早已有归国之心。当陈茶向李瑞奇表露心迹时，却发现丈夫的想法与她不谋而合，他早已厌倦了这片他拼搏了三十多年的土地，这个荷兰人统治下的不公平的地方。所以，他不假思索地答应了陈茶的请求，并筹划着逐步转移资产回国。

自端午节过后，李瑞奇便开始筹划，他毅然卖掉其中一家公司，关掉了"瑞林"，并筹集大量钱款。1929年农历春节过后，李瑞奇便托人买好了船票，让陈茶携李秀若、李永成，以及不少金银细软、贵重药材等，先行回了国。

在归途的邮轮上，李秀若挽着母亲陈茶的手臂，几次踏上甲板，望着无边无际的大海，望着广阔无垠的天空，她们的心，早如同展翅飞翔的海鸥，飞回到了她们魂牵梦萦的祖国大地了。邮轮在海上漂浮了数月，终于在1929年的端午节前夕抵达厦门码头。船靠岸的那一刻，阔别祖国多年的全船人都激动地欢呼起来："回家啦！我们终于回家了，我们终于回到祖国的怀抱了！"

面对阔别了十年的祖国，陈茶早已激动得眼眶红润，当她的脚板踏上祖国大地的一瞬，一股强大的暖流早已传遍她的全身，她终于忍不住落下泪来。十四岁的李秀若虽然没有母亲那样强烈的情愫，但她憧憬着归国后到陈嘉庚先生创办的学校读书，自从从父亲口中获知陈嘉庚倾资办学之举，李秀若就把陈嘉庚先生当成自己的精神偶像。一想到她的梦想很快就能实现了，她就兴奋极了，一路激动地拉着母亲和弟弟李永成的手，活蹦乱跳地向前奔跑。

为了尽快安顿下来，陈茶当天就带李秀若及李永成回到龙眼营的老家。可是眼前的一幕却让他们傻眼了：老家房子的屋顶早已倒塌，残瓦欲落不落，外墙将倒未倒，地上杂草丛生，成群的大蚁穿梭其中，站在不远处，一股霉臭带着潮湿的强烈气味扑鼻而来，让人不免心生怆然。既然老房已经塌成这样了，肯定是住不了人了，陈茶只好找了个附近的宾馆，算是回国后的歇脚地，等后续再另图安家。在住下来的十几天里，陈茶带着儿女四处拜访亲戚熟人，每拜访一家也会带些礼物，对于生活贫困的亲戚，更会送上个大红包。大家见到她们都很惊讶，喊她们番客①，又是拉着聊家常，又是留着吃便饭，乡亲们的热情，也时刻令陈茶感动。交流过程中，陈茶也逐渐了解到，她离开的这十年，漳州地区到底发生了怎样的变化。

"乱啊——"家乡人叹着气。

还记得陈茶刚带小翠英去印尼时，漳州还在陈炯明的治理下。那时，陈炯明在漳州建立"闽南护法区"，提出"提倡新文化，建设新社会"的口号，并推行新政，使得漳州商旅云集，市肆兴旺，当时媒体还将漳州誉为"东方的一颗明星""闽南的俄罗斯"等。可惜，至1920年7月，直皖战争爆发。8月，桂系军阀进攻广州，孙中山即令陈炯明回师广东，漳州大地又陷入军阀的统治之中。1922年至1925年的四年间，一共有军阀李厚基、王永泉、臧致平、杨化昭、张毅等在漳州大地上反复抢夺厮杀，时称"南北反"。1926年后至陈茶归国，漳州一直属于北伐军统治，可惜北伐军驻当地首领腐败蛮横，依然践踏这块土地，使得当地的人民常年饱尝战祸兵灾之苦。

"乱啊——"家乡人继续叹着气。

满目疮痍是故乡啊！接下去该怎么生活？李秀若的学习怎么办？李永成这么小安全吗？陈茶思忖数日后，想到以前在龙眼

---

① 闽南方言，指客居外国的中国人或拥有外国国籍的中国人。

石码，李林回国后曾经生活过的地方

石码中山公园

营时，家住龙溪县石码镇[②]的李秀若的堂嫂吴燕一家对她母女很是照顾，便决定带两个小孩先到石码借住一段时日，以观时局变化。

不久，陈茶也觉得石码这个地方不错，这里离城区远，比较容易躲避战乱，又有堂嫂相互照顾，于是便在这里买了房子住了下来。陈茶，这个看似柔弱的女子，在那个风雨飘摇的年代，她浑身上下总是洋溢着一种睿智的气息和不卑不亢的气度，她时时刻刻，像母鸡保护小鸡般高昂着头，不允许任何人伤害她的孩子。

---

②龙溪县石码镇：现龙海市石码镇。

第十四章　愿做集美好学子

来到石码之后，想着李秀若这孩子一路随她辛苦奔波，落下了不少学业，陈茶就感到不安。她托了亲人好友，听闻大埕有私塾先生教得不错，于是把李秀若先安排在私塾里，作为暂时的过渡。其间，她跑了石码附近的一所中学，说明了相关的情况，学校也都愿意接收李秀若过去上学，这让陈茶感到很欣慰。

这一天晚上，李秀若刚从私塾放学归来，陈茶就兴奋地放下手中的活，开心地说道："阿英仔，我帮你找到了合适的学校了，学校的老师都愿意让你去上学啊！"

"阿母，是哪个学校？"李秀若疑惑地问道。

"就是这附近的一所中学！"陈茶脸上洋溢着笑容。

"可是……"到陈嘉庚创办的学校去读，这可是李秀若回国前最大的梦想，可见母亲这么辛苦，她又不好辜负母亲的好意，所以心中也是五味杂陈，说话吞吞吐吐。

知女莫如母啊！见李秀若如此神情，陈茶便知女儿有心事，她不责怪孩子，只是和蔼地问道："阿英仔不喜欢的话，可以把自己的想法告诉阿母啊！"

"阿母，我想去集美上学，我想去陈嘉庚创办的学校上学！"在母亲的鼓励下，李秀若大胆地吐露心声。

"好的，阿母一定支持你。好孩子，你就好好努力吧！"陈茶坚定地说道。

接下来的日子，陈茶多次坐船往返石码和集美两地。在陈茶的多方努力下，1931年秋，已经上了半年私塾的李秀若，以华侨子女的身份，插班进入集美幼稚师范学校①，就读幼师六组。

在准备前往集美幼稚师范学校的那一晚，李秀若紧紧地抱着母亲陈茶，心情久久难以平静，母亲的爱，就如同甘霖滋养着她，就如同暖阳沐浴着她，让她感到无限地温暖。这也是李秀若第一次离开母亲，第一次离开家，从她踏进校园的那一刻，她就发誓要自强独立努力学习，以陈嘉庚先生为榜样，献身教育事业。于是，她奋发图强，把全部的精力都用在学习上，对知识的汲取更是如饥似渴。

---

① 1927年秋，鉴于社会上幼稚教育已步入高潮，集美学校尚缺幼稚师范，陈嘉庚遂决定急速创办，他以"自力更生，立足闽南"的雄心壮志，明确提出"反对舶来品，反对依样画葫芦，反对胶柱鼓瑟；要有时代性，要有地方性"的宗旨，创办集美幼稚师范学校，在闽南集合培养了一批有志幼教的女学生。

李林在集美中学就读时（1932年秋至1933年冬）的校舍

20世纪30年代的集美学村

正当李秀若全神贯注投入学习没多久，1931年9月18日傍晚，日军蓄意炸毁沈阳柳条屯一段铁路，反诬中国军队破坏，以此为借口，炮轰中国东北军北大营，制造了震惊中外的"九一八"事变，从此拉开了日本帝国主义对华全面侵略扩张的序幕。次日，日军侵占沈阳，后来又陆续侵占了东北三省。1932年2月，东北全境沦陷。

看到东北三省沦陷，看到日寇烧杀抢掠的罪行，李秀若想起了小时候在印尼看到的华人备受欺凌的情形，她为中国人民遭受的苦难深感悲愤。于是，她坚定地投入到声援抗日的浪潮中。上学期间，她在学生大会上发表激情洋溢的演说："同学们，如今日寇侵我土地，杀我同胞，我们要团结起来，号召全国人民共同抵抗侵略者，共同保卫我们的家园。"到了假日，她更是组织同学下乡宣传抗日救国主张，组织同学们参加游行示威活动，并带领同学们振臂高呼："打倒日寇，还我东北！""打倒日本侵略者！"

"九一八"事变激起了全国人民的抗日怒潮，也及时向全国人民敲起警钟，"中华民族到了最危险的时候"，民族责任感的觉醒显得尤为重要。同时，这也让李秀若的心灵受到深深的震撼：国难当前，她读完幼师就能安稳地从事教育工作吗？这些幼小的生命谁来保护？她深知自己学识尚为浅薄，她弱小的身体也无法即刻投入战斗，但她更深知，只有继续深造，用知识的武器武装自己，她才能更好地为民族觉醒与复兴献上绵薄之力。于是，她

李林在集美中学读书时使用过的大理石笔筒（正面）

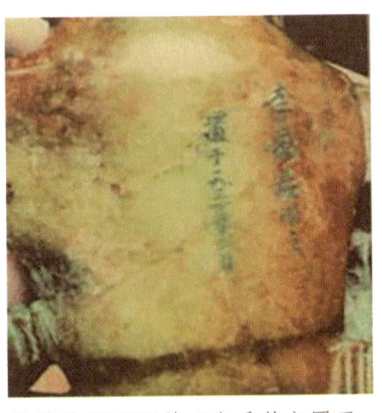

笔筒的反面写着"李秀若之置于一九三一年二月"

李林（即李秀若）的初中毕业证书

李林在集美中学读书时使用过的餐具

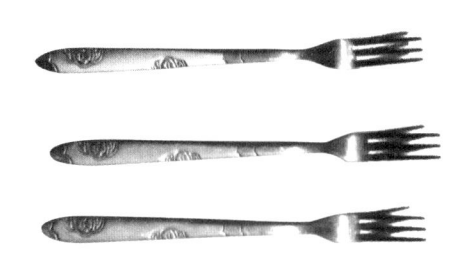

把放弃继续读幼师而转学上初中、高中以至大学的想法告诉母亲，也告诉远在印尼的父亲，没想到得到的是父母的一致支持。

1932年秋，在李秀若的坚持下，她转学到集美女子初级中学②十组就读，虽然她只收获了一张集美幼稚师范学校肄业的证书，但中学新的生活，则开启了她更为广阔的天地，"天高任鸟飞，海阔凭鱼跃"，在书山学海中，她振翅高飞向苍穹。

---

②1918年3月，爱国华侨领袖陈嘉庚先生创办集美中学，隶属于集美师范。1921年，集美中学脱离师范部，与水产、商科合并称中学实业部，6个月之后，水产、商科成立实业部，中学独立为中学部。1927年，集美中学正式由部改称校。中学部改成中学初级校，女子师范部改为女子初级中学。

第十五章　身心发展各不误

集美女子初级中学属于集美中学的女子中学部[③]，坐落于美丽的集美海滨，从海的方向望去，错落有致的建筑依地势高低而建，规模宏伟，风格典雅别致，犹如漂浮在海面上的一座仙境。华侨领袖陈嘉庚在建校时，要求设计者巧妙汇集世界各地建筑优点于一体，也不要求赶工期，而是追求布局合理，每一个细节追求尽善尽美。建筑材料也绝不凑合，每一块砖、每一片瓦，必须处在它应有的位置，杜绝以次充好，国内能有的材料用国内的，国内没有的材料贵一点也要从国外购买。

而且，这些建筑都有一个特点——"穿西装，戴斗笠"。著

[③] 民国时期，国内女子中学纷纷设立，一方面是因为当年的新文化运动兴起，使得很多女性希望获得知识，成为新时代的女青年；另一方面，封建残余思想在当年还根深蒂固，所谓"男女不同席""男女授受不亲"的思想仍左右着人们的道德观念。

名建筑学家陈从周曾评价说:"陈嘉庚先生的思想与艺术境界是乡与国,乡情国思跃然于其建筑物上。"这种"穿西装,戴斗笠"的建筑,风格独特,气势灵动,秀美出众,塑造了强烈的闽南地域特色。在南洋的经商活动中,陈嘉庚先生曾饱受帝国主义、殖民主义的欺凌,因此,他建造的欧式大楼如同穿着西装,屋顶盖以中国传统的歇山顶燕尾,犹如闽南农民戴的斗笠,以中华民族的"斗笠"压制欧式建筑的"西装",正体现了陈嘉庚先生对帝国主义、殖民主义的仇恨与不满。

"十年树木,百年树人!"陈嘉庚先生精心建设校园,力图让每一个学子在踏入校园的第一刻,都会眼界敞亮、心情舒畅,从而产生追求尽善尽美、严谨求学的态度。校园在建设的过程中,每一个集美中学建设的参与者,对陈嘉庚先生把全部的财产都奉献出来在家乡兴办学校的精神,都很感动,工作中人人都不敢有一丝一毫的懈怠,更不敢有偷工减料的行为,于是,这一座花园式的美丽学校,人间奇迹般地展现于中国东海之滨。

集美学村新貌

转入集美女子初级中学后,李秀若很快就结识了许多同学。

学校里有不少来自南洋的学生，有几个还是来自印尼爪哇的，相同的经历，让她们一见面就成了好朋友。其中，有一个来自菲律宾的女学生刘銮英，与李秀若结为姐妹，并发誓"永不分离"。后来，在李林烈士传奇的一生中，刘銮英与李秀若一直以好姐妹相处。

在这里，李秀若听到的第一堂课，是校主陈嘉庚的创业史及建校史。李秀若铭记陈嘉庚先生的"轻金钱，重义务，诚信果毅，嫉恶好善，爱乡爱国"的理念，她珍惜每个学习的机会，在新的环境中，她舒心快乐地汲取着新知的力量，学习成绩一直位列班级前茅。

她喜欢旅游，节假日里，常邀上几个同学到周边游玩，感受每一处的人文；她喜欢看书，常常在图书馆里，一待就是一整天；她喜欢乐器，时不时就跑到学校的练歌房；她喜欢运动，篮球场是她挥汗如雨的战场……她兴趣广泛，身心发展全不误！

李秀若有一个癖好，就是喜欢写日记，再把日记公开给大家看。她把自己的所见所闻所感写在日记里，把剖析自己议论他人写在日记里，把自己认为正确的写在日记里，写完放在宿舍的桌面上，任人翻阅，美其名曰：公开的日记。④ 对于李秀若的"公

---

④ 李秀若写公开日记的习惯一直保持着，直到后来她参加共产党领导的地下组织时，为了避免泄露组织秘密才改变。不过，李秀若在写公开日记过程中练就的记事与议论的本领，几年后她在抗日根据地做宣传工作，及担任教导员时，得到充分的发挥。战友们都夸她是个善于做群众工作和队伍思想工作的优秀教导员。

李林（前排）和集美女中部分同学在校主花园前留影

开的日记"，很多同学既好奇又害怕：好奇的是，她的日记内容丰富，议论坦然，看她的日记就像看一本最新版的"百科全书"；害怕的是，她的日记写身边的同学也不匿名，不仅叙述，而且批评议论一针见血又不乏亲切，谁都担心她写到自己。有一次她在日记里批评同寝室的阿梁同学爱打扮的不良思想，引发同一寝室同学的大讨论。阿梁同学了解李秀若是以现实说话，没有一点添油加醋，批评得在理，更没有人身攻击的味道，后来也欣然接受了批评。虽然李秀若的这种做法不一定可取，但她的真诚也的确感染了很多人，让每个被写进她的日记的同学，心灵受一次洗礼，也促进了同学间的友谊。

当然，同学们也在李秀若的日记中读到了她心里的大秘密。李秀若在日记里写道，她特别喜欢十九世纪俄国文学家屠格涅夫的作品，她不止一遍地读过《父与子》《猎人日记》等著作，还能将屠格涅夫的散文诗《门槛》全文背下来，她为诗中的俄国少女而感动。她说自己经历过了很多事很多人，都让她难以忘怀。她最希望自己成为一名文学家，把这些事这些人写出来。

　　课余时间，李秀若这个身材偏小、肤色稍黑，又爱剪短发、穿男儿装的"假小子"，却是个不折不扣的运动健将，特别是篮球运动，她虽然个子不高，但打起球来非常活跃，且球技精湛，经常利用自己灵活的跑动，令对手防不胜防。不久，她便凭借优秀的球技，被学校吸收为女子篮球队的主力前锋，经常代表学校外出参赛，也曾入选福建省代表队参加全国运动会。在集美中学参加女篮球队的这段经历，李林烈士后面也常常幸福地忆起，她说："我们侨生组织的女子篮球队和排球队，经常和别的学校比赛，基本上都是胜利而归。"正是篮球场上的积极拼搏，不仅锻炼了李秀若强健的身体，而且练就了她机智的战术和勇猛的战斗精神，可以说，中学时期的篮球场，便是李秀若后来走向抗日前线领导军民抗日的练兵场。

　　李秀若不仅篮球打得好，吹口琴更在行。每当她吹起口琴，口琴声悠扬婉转，让听到的人都心情愉悦，如痴如醉，不舍得离去。

李林（左）在集美中学读书时喜爱吹口琴

一天深夜，临近学校学生宿舍熄火的时间，晴朗的夜空中，一轮明月高悬，天空中星星点点，一抹流云正在慢慢地滑过月亮，月亮的脸在流云间忽暗忽亮。清风徐徐，忽然，宁静的校园中，从女生的宿舍飘出一曲带有异国风情的口琴声，口琴声哀怨婉转，荡漾在这个游离的夜里。尚未入睡的学子们，纷纷走出宿舍，望着星空，望着明月，在这个宁静的夜晚，他们顺着悠扬的口琴声，却听到了家国的哀伤……

第十六章　组织抗日救国会

在学校里，李秀若活泼开朗，不拘小节，她走到哪儿，爽朗的笑声就跟到哪儿，许多同学都喜欢跟李秀若一起。

李秀若也是一个热心肠的女孩子。有一次，班里的一个女同学被父母逼婚关在家里。李秀若急在心里，她认为这事不能坐视不管，和其他同学一起商定后，就来到这个女同学的家里，找她的父母讲理。李秀若非常有礼貌地向女同学的父母说："阿叔、阿婶，我们是你女儿的同学，是集美女子初级中学的学生，年纪相仿，尚是求知的年龄，你们不能跟旧社会一样，怎么可以让年幼的女儿早早就禁锢在婚姻生活中？现在是民国了，是民主主义社会，早就不兴父母包办婚姻，你们应该解放思想，让女儿追求平等自由的幸福。更何况，现在国难当头，国家存亡，匹夫有责，没有国，哪来的家？你们不觉得现在更应该支持青年人努力学习、报效祖国吗？"李秀若一席话，把女同学的父母说得无言以对，他们最后同意将女儿放了，让女儿随同学们回到了学校。

正是平时热心乐善、活泼开朗，又兼具审时度势的智慧，使得李秀若成了学校里最引人注目的人，身边一直聚集着不少的人气。1932年，上初中二年级的李秀若，参加了学校学生自治会代表的竞选，结果不出意料高票当选。在获选发言会上，李秀若向全校师生郑重承诺："我绝不辜负大家对我的信任和期望，我一定加倍努力，为学校多做贡献。"后来，她又担任了集美中学学生会文书股股长。

然而，李秀若的初中生涯，基本是伴随着日军侵华的日趋深入而度过的。1931年，日军发动"九一八"事变后，随即侵占了东北全境，并在东北建立了伪满洲国傀儡政权。1932年1月28日，日本当局以保护上海日侨为借口，发动"一·二八"事变，中国爱国将领军长蔡廷锴、总指挥蒋光鼐率领第十九路军奋起抵抗，同年5月5日，国民党政府破坏第十九路军抗战，同日本签订了《淞沪停战协定》。1932年3月初，由于日军偷袭浏河登陆，中国军队被迫退守第二道防线。1933年2月，日军侵占热河，继而突破长城各关口，直逼京津，中国军队长城抗战失败，国民党政府无能妥协，被迫与日方签订丧权辱国的《塘沽协定》……从1931年至1933年间，日军侵华的魔爪逐渐从中国东北伸向华北地区，阴谋策动"华北自治"。日军罪恶滔天的侵略

集美中学初中部"李林园"

"李林园"荣授
"福建省国防教育基地"

"李林园"中
李林骑战马雕像

行径，激起了全国人民抗战到底的决心。

此时，远在新加坡的集美中学校主陈嘉庚先生，积极向南洋华侨募集巨款，汇往上海，支援抗日军队，并写信回集美中学，勉励学生的爱国热情。"时到今日，任何人皆应抱牺牲精神，各尽所能，以与暴日抗。希勉励学生，激昂勇气……"校主陈嘉庚信中铿锵有力的话语，激荡在每一个集美中学学子的心里，学生们个个同仇敌忾，在校园中热烈地开展各种抗日宣传和募捐活动，如抗日救国会、抗日宣传队、抗日仇货检查队等。

李秀若处处踊跃报名，每一次被选上，她都激动万分。当初，因为加入了抗日救国会，兴奋不已的李秀若，在救国会全体会员面前，更是庄严地举起右手宣誓道："余以至诚，加入集美抗日救国会，服从命令，遵守纪律，准备对日作战，为国牺牲，如有二心，天人共戮，此誓！"

李秀若的宣誓，像一把熊熊燃烧的火炬，鼓舞了很多同学，他们也纷纷加入集美抗日救国会，为宣传抗日奔走相告。这个宣誓，更是年轻的李秀若对国家的第一次宣誓！1940年4月26日，日寇对山西洪涛山抗日根据地进行第九次围剿。为掩护700多名干部群众安全撤离，李林烈士带着三个月的身孕，不顾个人安危，率领骑兵连冲向敌阵。一阵生死拼杀之后，她率队冲出敌阵，却发现还有同志在敌人的包围圈里，她不假思索地率队又冲了回来，在与战友们冲锋中，她最终以血肉之躯吸引上万名敌人

李林关于大突围的亲笔信函

的火力，身边的战友一个一个牺牲了，她只身一人消灭了六个日本鬼子。待到敌人围上来了，她朝着同志们安全撤离的方向露出胜利的微笑，并把最后的一粒子弹留给了自己，为抗日战争献出了年轻的生命。这便是她用生命，践行对守卫国家的誓言！

自从成为集美中学抗日救国会的一员，李秀若成了学校里抗日宣传和募捐活动的急先锋，也是强有力的组织者。在抗日物资募捐活动中，她更是率先捐献一块银圆，这可是省吃俭用几个月才积攒下来。当时，一块银圆相当于她一个月的生活费用，那个时代背景下，普通军人的工资，也才五块银圆左右。

除了组织募捐活动，李秀若还组织集美中学的学生参加抗日义勇队员联合演习，并担任演习分队长。

正是国家罹难的恶劣环境，正是动乱不安的社会环境，正是这纷扰的乱世，正是这涂炭的生灵，磨砺了年幼的李秀若的意志与心性，一颗爱国爱民的种子，早已在她的心里生根、发芽，茁壮成长……

第十七章　长大也要当红军

　　随着日本侵华战争的进一步扩大,国民政府并没有将枪口对准日军,在蒋介石提出"攘外必先安内"的处理内政的基本国策后,国民党对日军节节败退,对共产党则展开了疯狂的围剿。从1931年到1933年,国民党军共对红军展开五次的大规模围剿,皆以失败告终。在反围剿的过程中,共产党一方面继续揭破国民党退让妥协、丧权辱国的言论与行动,另一方面则大力宣传"反蒋抗日"方针。此时,多方势力的抗衡下,福建局势显得更加混乱。

　　1932年4月初,根据国内时局和闽粤形势分析,中华苏维埃共和国临时中央政府主席毛泽东提出集中红军一、五军团兵力攻打漳州的方案:"政治上必须直下漳泉,方能调动敌人,求得战争,展开时局。"这个正确的方案得到时任苏维埃中央局书记周恩来的支持和中央军事委员会的批准。4月19日拂晓,红军攻

漳州战役中毛泽东曾居住的芝山红楼，现已改名为"毛主席率领红军攻克漳州纪念馆"

打漳州战役打响，国民党第四十九师大败，被红军俘虏1600多人，师长张贞偷偷带着少量亲卫逃走。4月20日上午8时，红军举行隆重的入城典礼。① 当时，漳州是福建省的第二大城市，红军占领漳州城的消息不胫而走，比邻漳州的厦门集美更是传得沸沸扬扬。由于国民党控制着主流媒体，故意散布谣言，说红军是"凶神恶煞组成的军队，杀人放火抢夺无恶不作"，还"共产共

---

① 1932年4月20日，毛泽东率领由红一、五军团组成的东路军，打垮国民党陆军第四十九师张贞部队，一举攻克漳州，取得重大胜利。红军进漳的主要目的是宣传、筹款和扩军三大任务。在完成这三大任务之后，于5月28日主动撤离漳州，回师中央苏区。红军驻漳时间前后一共是39天，虽然时间不长，但漳州毕竟是中国共产党在土地革命战争时期占领时间比较长的中心城市。红军进城后在毛泽东领导下实施的一系列城市政策，对共产党后来的城市政策产生了积极的影响。红军进漳后，在石码扩军总数近500人，其中包括1955年被授予中将军衔的苏静将军。

妻"。身在集美中学就读的李秀若听到这些消息后，整日忧心母亲的安危，一颗心始终悬着。直盼到假期，李秀若才辗转回到了石码，回到母亲身边。

"阿母！"回到家的李秀若，见母亲安然无恙地站在面前，她激动得泪流满面，奔了过去，紧紧抱住母亲。在动荡不安的年岁里，母女俩的相见宛如隔世，每一次都值得珍惜。

陈茶高兴极了，她看到女儿长高了，也看到女儿长大了，幸福的泪水在她的眼眶里转，就是一直掉不下来。等女儿松开了双手，她连忙问道："阿英仔，你饿了吗？阿母给你弄点吃的！"

"阿母，我不饿。对了，报纸上不是说，土匪军已经攻破了漳州，而且到处杀人放火抢劫，可我这一路回来，感觉没有什么变化啊？"本已忧心忡忡的李秀若，显得特别疑惑。

"阿英仔，谁跟你说红军是土匪军的，阿母从出世到现在，遇到过十几款的兵，都是害老百姓的，从没见过像红军这么为老百姓的！"

"咦？"李秀若越想越不明白。

陈茶见女儿疑虑团团，也就不绕弯了，她可是亲身经历了红军入城的场面，当时也是跟随看热闹的群众上了街，那情形现在回想起来，都还兴奋不已啊！

"阿英仔，那是三月十四日（即公历4月19日）的中午，我刚要做饭，突然听到外面吵吵闹闹的声音越来越大。我出门去看个究竟，看到街上好几户人家匆忙地往外搬东西准备逃跑，街上的人乱哄哄的，说是土匪军就要到了。我一个妇道人家能往哪里逃啊？起初我也害怕，便赶忙将门反锁起来，把家里的钱财首饰藏好，然后就躲在房间的床底下不敢出来。以前，你还小的时候，你阿爸也没在家，阿母每次遇过这样的兵反，都只能选择躲起来啰。

"我一直躲着，不敢出来吃东西，也不敢出来喝水，直到第二天早上，外面的声音似乎小了，我爬出床底，一骨碌就把一壶水喝光了都不解渴，随便吃了一点东西垫肚子，我才轻轻地打开一道门缝，往外一看，咦，街道上安安静静的，人来人往如昔，也没见到杀人放火抢劫的。我也纳闷了，便推开门走到大街上，只见大街上已经贴满红军的标语。时不时有穿着整齐的部队喊着口号行走在大街上，他们个个都很年轻，个个都很精神，有男兵也有女兵，穿着的军装满是补丁，对着路人尽是微笑，街上的人说，这就是红军，这是人民的子弟兵！"

"红军真的这么好？"李秀若没见过红军，听着母亲的描述，她心里寻思着，中国要是有这样的军队，那抗日战争何尝不胜，中国人民脱离苦日子指日可待了。

"是啊！后面的日子，阿母才深刻体会到，自进城以来，红军纪律严明，从不拿我们老百姓的一点东西，对老百姓很友好，他们不仅打开国民党政府的食仓，将谷物分发给穷苦的老百姓，还将地主老财家的地契、放高利贷的账单都搜查出来当众烧了……"

李秀若听得目瞪口呆，这些东西，可是她在学校永远听不到、见不到的啊！

"后来啊，红军在码头、公园、学校做宣传，让老百姓认识国民党不积极抗日的反动政策，要大家团结起来一起抗日。他们还招收新兵，我听一名年轻的红军干部站在高台上喊话：国民党军队是抓丁雇兵，红军是自愿参加的，当红军有两个条件，第一要有为穷人打天下的决心，第二要有吃苦耐劳的精神。在场的很多青年人排队报名，我听说，浮宫小学教员李兆炳听了红军宣传抗日救国的政治主张，热血沸腾，当场就拉上好朋友林振山和苏孝顺，一起当了红军……"

"阿母，我也要当红军。"李秀若兴奋地喊了出来。

"阿英仔，你还在读书，当红军也要等你长大了啊。"

"那我长大了也要当红军！"李秀若果断地答道。

"嗯！阿母支持你！"陈茶紧紧地抱住李秀若，她忽然感觉，眼前的这个女儿，真的长高了，真的长大了。

在与母亲陈茶叙谈了几日后，李秀若便返回到学校，继续投身宣传抗日的热潮中，只是与以往不同的是，在听完母亲关于红军的描述后，她心中逐渐有了信仰，也有了前进的方向，对于美好的未来，她更加憧憬了！

第十八章　不负韶光上杭州

"知识的增长还不能算求进步,只有思想进步了,才算是进步!"这是李秀若在初中毕业之际,对同窗好友刘銮英说的话。

1933年12月,十八岁的李秀若初中毕业了,为了纪念这段求知的美好时光,她与七位要好的同窗合影,并题诗句:"读同窗,梦联床,莫忘当日书声灯光。"离别前夜,李秀若与昔日的同窗好友刘銮英依依惜别,她俩习惯性地拉着手,漫步在校外临海堤岸的小路上。

刘銮英是菲律宾归侨的后代,因与李秀若同班同学同寝室,俩人无话不谈,很快成了知心朋友。刘銮英温文尔雅、办事稳重,而李秀若意气风发、行事果敢,二人性格互补,平时遇着什么事,也都相互商量,俩人平日里处得如同亲姐妹一般。

即将要离别了,她俩都有很多心里话想跟对方说,一路走来

李林（前排左一）在集美女子初级中学毕业时与同学留影

却不知道如何开口。直到走到海滨，李秀若才开口问起话来："銮英，毕业后你有何打算？"

"秀若姐，你到哪儿，我就跟你到哪儿！"刘銮英低着头，眼角明显湿润了。

听刘銮英这么说，李秀若沉默了。她们往前走着，找了一块干净的石头坐下，然后远眺月光下波光粼粼的大海，静静地陷入沉思。此时，远处的海浪拍打海浪，潮水向她们的脚下蔓延过来，很快又退了回去。夜晚的海浪声低沉幽怨，仿佛两位少女不尽的倾诉。

"銮英，我还是想继续读高中……"李秀若再次打破沉默。

"那你准备去哪儿?"

"我想到杭州去。"李秀若说,"自日军入侵以来,我们的国家和民族面临着前所未有的巨大创伤和挑战,许多进步人士都在积极地寻找自强救国之良方。前段日子,我也常常翻阅一些进步期刊,总感觉只有中国共产党才是真正为国为民。杭州是人文荟萃之地,五四运动以来,涌现了一批著名的文学大家,如鲁迅、刘大白、朱自清、叶圣陶等。4月时,郁达夫为暂避国民党的政治迫害,还从上海举家移居杭州。因此,我不想辜负了韶光,想到杭州看看!想到外面看看!"

刘銮英听得精神备受鼓舞,连忙激动地答道:"秀若姐,你的思想觉悟太高了。你要去杭州,我也要跟着去!"

"好,那我们就一起上杭州!"李秀若更加坚定了。

说到做到!俩人第二天便各自回了家乡。

回到石码后,李秀若满心欢喜,她与母亲陈茶度过了一段美好的时光。一天吃完饭后,李秀若帮母亲收拾完碗筷,清洗完桌面,便与母亲陈茶商量起赴杭州继续就学之事,不料,却遭到了母亲第一次强烈的反对。

"不行不行,杭州那么远,你一个女孩子,到了那边谁照顾你?被人家骗了怎么办?更何况,女孩子迟早都要嫁人,读那么多书做什么用!"陈茶的反应非常激烈,她嘴里絮叨了起来。

"阿母,现在国不安,家何以安?哪怕是我嫁了人,也没有办法保证有一个安全的家啊！"李秀若解释道。

"不行不行，即便要读书，也不能去杭州！"陈茶的态度更加明确，语气更加强硬。

"阿母，你不是一直都支持我吗，今天你是怎么啦？"见母亲态度如此坚决，李秀若佯装生气了，她放下手中的活，转身进了自己的房间，锁紧了房门。"阿母要是不答应，我就不出来！"

这可把陈茶气得话都说不出来了。其实，她也理解，孩子大了，有了自己的追求与判断，作为父母也不应该更多地干涉。可是，女儿李秀若从小就是苦命人，她怎么放心让孩子一个人背井离乡？关于李秀若的身世，她要如何跟孩子开口啊！

夜深了，陈茶已经掉了一个晚上的泪了，她见孩子的房门还是紧锁着，知道孩子是在怄气。她也想通了，既然孩子想去闯，那就去闯吧。但今天，如果不把女儿的身世说明白，她也不清楚以后还能不能有机会再跟孩子说。于是，她走近女儿的房门，轻轻地敲着门。

"阿母，你同意了？"房间里飘出这么一句话，激动中带着惊喜。

"阿英仔！不管你选择什么路，阿母都会支持你的，你开门，阿母有事情跟你说……"

瞬间，房门开了，一个身影飞似的飘了出来，然后野性地挂在陈茶身上，这状态让陈茶有些哭笑不得。她只好又好笑又好气地将女儿推开，然后冷静了一会儿，说："阿英仔，有件事，我得跟你说，但你不准哭啊……"话未说完，陈茶眼圈早已红了。

见母亲这样，李秀若一头雾水，连忙问道："阿母，有什么话你就快说吧。"

于是，陈茶含着泪把李秀若的身世和盘托出，没等母亲说完，李秀若早已心如刀绞，抱着母亲号啕大哭起来，许久许久，李秀若一边抽噎，一边不解地问道："阿母，你们既然不是我的亲生父母，那我的亲生父母在哪儿？他们为什么要抛弃我？"

"阿英仔，他们也是迫不得已，不是遇到什么难事，哪有父母愿意抛弃心肝肉的？"尽管陈茶不断安慰着，李秀若还是一个劲儿地哭着。这一夜，苦累了的秀若在母亲陈茶的轻抚下，才进入了梦乡。

第二天清早，陈茶早早起了床，她决定带女儿回漳州老家一趟，看能不能找到女儿亲生父母的音讯。事过多年，她也知道希望渺茫，但她还是希望让女儿心里踏实些。大清早，陈茶便带李秀若乘车回到了漳州古城塔口庵一带，然后一家一家走访询问，只是多年来这里早已物是人非，居住在此的大多是新搬来的居民，她们最终也没有问出个所以然。最后，她们在塔口庵的路口处贴了很多张寻人启事，连续等待了十多天，又在几处人流多的地方问询，可是最终还是了无音信。

"阿母，不找了，即使找到了，我也不认，谁让他们当初抛弃我了呢！"见着母亲多日来的辛苦奔波，李秀若略带自嘲地说道。

陈茶听出女儿的辛酸，也只好作罢。俩人即刻返回石码。回来后，李秀若变得更加懂事了，她整天忙着帮母亲干家务，白天是烧菜做饭洗衣样样争着干，晚上则陪着母亲闲聊话家常。也许，在李秀若的心里，她已经深深明白如何珍惜身边的人，如何珍惜与家人相聚的时光。

相聚总是短暂的，这一年的春节很快过完了。李秀若早已收拾好行李，她准备上杭州了。那一日，陈茶一直送女儿到渡口，她没有再挽留，只是渡船开动的那一刻，李秀若听到母亲高喊的声音：

"我歹命英啊，我的心肝囡①，你得好好照顾你自己！"

李秀若硕大的眼泪，一滴一滴掉落在渡船中，她回头看着岸上，只见母亲陈茶的身影，越来越小，越来越模糊了。

---

① 闽南方言，意思是"我命不好的女儿阿英，我的心肝宝贝"。

第十九章　西子湖畔英雄梦

1934年春，过完春节的李秀若，告别了慈祥的母亲，先乘渡船来到厦门，然后与约好的刘銮英一起登上前往杭州的轮船。到了杭州以后，她们一同入读了浙江省立杭州女子中学[①]。

等到了学校，对于传说中的"上有天堂，下有苏杭"的江南美景，李秀若与刘銮英早已迫不及待了，待安顿好后，她俩便放飞于杭州各处景致：泛舟西湖、观雷峰塔、游灵隐寺、漫步断桥、赏三潭印月……她们玩得不亦乐乎，流连忘返，初来乍到的旅途的劳累早已抛到九霄云外了。

---

① 戊戌变法之后，一批留日归国学生在维新思想的影响下，开始积极筹划女子学堂事宜。1904年春，邵章、陈叔通等人禀请浙江巡抚聂缉椝立案开办"杭州女学校"。1904年5月2日，"杭州女学校"终于在积善坊巷创办，这是浙江省第一所女子中等学校，也是杭州妇女真正获得上学读书权利的开始。如今，历经战乱洗礼，学校更名数次，百年前的杭州女学校变成了今天人们耳熟能详的杭州第十四中学。

杭州西湖旧照

　　玩就要玩得痛快，学就要学得踏实。一回到课堂，李秀若便铆足了劲，她求知若渴，在学习上从不松懈。

　　一天，国文老师刚进教室，就在黑板上写上"精忠报国"四个大字，然后严肃地对着同学们说："今天，我们要学习的，是宋代抗金将领岳飞的《满江红·写怀》②，大家随我大声朗诵：

---

　　②岳飞，南宋时期抗金名将，民族英雄。岳飞从二十岁起，曾先后四次从军，力主抗金。绍兴六年（1136年），率师北伐，岳家军先后收复失地，大败金军。宋高宗赵构和宰相秦桧却一意求和，以十二道"金字牌"催令班师。后岳飞遭受秦桧、张俊等人诬陷入狱。1142年1月，以"莫须有"的罪名被害。宋孝宗时，平反昭雪，改葬于西湖畔栖霞岭。岳飞的《满江红·写怀》是千古传诵的爱国名篇。

怒发冲冠，凭栏处、潇潇雨歇。抬望眼、仰天长啸，壮怀激烈。三十功名尘与土，八千里路云和月。莫等闲、白了少年头，空悲切。

　　靖康耻，犹未雪。臣子恨，何时灭。驾长车踏破，贺兰山缺。壮志饥餐胡虏肉，笑谈渴饮匈奴血。待从头、收拾旧山河，朝天阙。

词作上阕抒写作者对中原重陷敌手的悲愤，对局势前功尽弃的痛惜，表达了作者继续努力争取壮年立功的心愿；下阕抒写了作者对民族敌人的深仇大恨，对祖国统一的迫切愿望，对国家朝廷的赤胆忠诚。全词情调激昂，慷慨壮烈，显示出一种浩然正气和英雄气质，表现了作者报国立功的信心和乐观主义精神。如今，日寇侵我中华，践踏我国土，残害我同胞，掠夺我资源，我中华儿女更应像岳飞一样，激扬沙场，奋勇杀敌，精忠报国！"

　　国文老师讲得激情满怀，心潮澎湃，同学们个个斗志昂扬。

　　"收复失地！还我河山！"

　　"万众一心，誓灭倭寇！"

　　"宁做战死鬼，不做亡国奴。"……

　　"同学们，尔等现在主要任务是学习，但只要祖国有需要，我希望你们都能勇敢站起来，为祖国的兴亡而战斗！"国文老师继续说道。

　　这时候，有同学怯怯问道："老师，我等弱女子，怎么抵得过凶残的日寇？"

"问得好！战斗，不是以鸡蛋碰石头，而是机智，而是勇敢，而是有坚强的信仰，而是有敢于牺牲的精神。谁说女子不如男，我西湖边上，就有鉴湖女侠英雄秋瑾[③]之墓。秋瑾虽为女子，但心比男儿烈，为推翻数千年的封建统治，她坚持战斗，'革命要流血才会成功'，革命失败，她不畏严刑拷打英勇就义。生前，她曾在《赠蒋鹿珊先生言志且为他日成功之鸿爪也》写道：……危局如斯敢惜身，愿将生命作牺牲。可怜大好神明胄，忍把江山付别人。事机一失应难再，时乎时乎不我待。休教他人锁键牢，从此沉沦汉世界。天下英才数使君，据鞍把剑气纵横。好将十万头颅血，一洗腥膻祖国尘……"

李秀若听得全神贯注，她从口袋里，掏出一本小本子翻开，疾笔记下：

　　危局如斯敢惜身，愿将生命作牺牲……
　　好将十万头颅血，一洗腥膻祖国尘……

[③]秋瑾（1875—1907），近代民主革命志士，原名秋闺瑾，字璇卿，别号旦吾，乳名玉姑，自费东渡日本留学后改名瑾，字竞雄，自称"鉴湖女侠"，笔名秋千，曾用笔名白萍。祖籍浙江山阴，生于福建漳州云霄。秋瑾蔑视封建礼法，提倡男女平等，常以花木兰、秦良玉自喻，性豪侠，习文练武。她积极投身革命，先后参加过三合会、光复会、同盟会等革命组织，联络会党计划响应萍浏醴起义未果。1907年，她为推翻封建统治，与徐锡麟等组织光复军，拟于7月6日在浙江、安徽同时起义，事泄被捕。7月15日从容就义于绍兴轩亭口，年仅32岁。

辛亥革命先烈秋瑾

"正好，讲到岳飞的《满江红·写怀》，秋瑾也有一首《满江红·小住京华》，现在，我朗诵一遍，以让大家一起学习：

小住京华，早又是、中秋佳节。为篱下、黄花开遍，秋容如拭。四面歌残终破楚，八年风味徒思浙。苦将侬、强派作蛾眉，殊未屑！

身不得，男儿列。心却比，男儿烈。算平生肝胆，因人常热。俗子胸襟谁识我？英雄末路当磨折。莽红尘、何处觅知音？青衫湿！

这是秋瑾在1903年中秋节的述怀之作，时值八国联军铁蹄侵略我中华，她目睹民族危机的深重和清政府的腐败无能，决心献身救国事业，而其丈夫无心国事。中秋节，秋瑾与丈夫王廷均发生冲突，离家出走，寓居北京阜成门外泰顺客栈。后虽由吴芝瑛出面调解，但秋瑾下决心冲破家庭牢笼，投身革命。整首词，反映的是秋瑾在封建婚姻家庭和旧礼教的束缚中，走向革命道路前夕的苦闷彷徨和雄心壮志的开阔胸怀……"

国文老师始终激情满怀，但国文老师对于祖国的情感，也让李秀若的心受到很大的震撼，古有岳飞战沙场，今有秋瑾闹革命，他们都是李秀若心中的英雄，都是她心中的榜样。看着国文老师口沫横飞的样子，李秀若的眼角湿润了，她不由得脱口念出清朝民族英雄林则徐《赴戍登程口占示家人》的诗句：

位于杭州的岳王庙

力微任重久神疲，再竭衰庸定不支。
苟利国家生死以，岂因祸福避趋之！

从此，每个宁静的夜晚，晚饭后，李秀若与刘銮英都会到西湖边散步，她们会先到位于西湖西北角的岳王庙④，瞻仰"一代忠魂"；然后再漫步至西湖西泠桥西侧的秋瑾墓⑤，祭拜这位"巾帼英雄"。而这一庙一墓，陪伴着李秀若杭州就学的时光，让李秀若年轻的生命里，激荡着沸腾的英雄的血液！

---

④岳王庙，位于西湖栖霞岭南麓，始建于南宋嘉定十四年（1221），初称"褒忠衍福禅寺"，明朝天顺间改额"忠烈庙"，后因岳飞被追封鄂王而称岳王庙，历代迭经兴废，现存格局于清代重建后形成，分为墓园、忠烈祠、启忠祠三部分。岳王庙位于西湖西北角，北山路西段北侧。

⑤秋瑾墓，现位于西湖西泠桥南端，经过10次迁徙后于1980年重新建造起来的，属于浙江省文物保护单位。呈方形，用花岗岩砌成，高1.7米，正面嵌孙中山题字"巾帼英雄"石刻，背面为徐自华、吴芝瑛题书《鉴湖女侠秋瑾墓表》。墓座上端为汉白玉雕秋瑾全身塑像，高2.7米。头梳髻，上穿大襟唐装，下着百褶散裙，左手按腰，右手按剑，眼望西湖，英姿飒爽，与她就义前的形象如出一辙。

第二十章　立志报国转上海

杭州的求学日子，显得安逸又平静，这与李秀若当初来杭州的初衷有些不相符。1934年公历年底，来杭州就读即将满一年的李秀若，在阅读古诗时，忽然读到了南宋诗人林升的《题临安邸》：

山外青山楼外楼，西湖歌舞几时休？
暖风熏得游人醉，直把杭州作汴州。

李秀若的心突然像被电触到似的：公元1126年，金人攻陷北宋首都汴梁，俘虏了徽宗、钦宗两位皇帝，中原国土全被金人侵占。赵构逃到江南，在临安即位，史称南宋。南宋小朝廷并没有接受北宋亡国的惨痛教训而发奋图强，当政者不思收复中原失地，只求苟且偏安，对外屈膝投降，对内残酷迫害岳飞等爱国人士；政治上腐败无能，达官显贵一味纵情声色，寻欢作乐。这首诗就是针对这种黑暗现实而作的，它倾吐了郁结在广大人民心头的义愤，也表达了诗人对国家民族命运的深切忧虑。

看看如今国民党统治下的杭州城，此时国家不正也遭受日寇的侵略，东北三省沦陷，多少中华儿女受尽苦难，为何人们仍能沉浸在一片欢乐祥和的太平中，而不思进取、不思觉醒？李秀若的心中像汹涌的长江之水翻滚，她不断反问自己：国家危难时刻，我岂能目睹山河破碎而置之度外？我岂有心思沉醉西湖美景？来杭州求学，我的思想更进步了吗？不！不！李秀若失望地摇着头。

"我们离开这里吧，我准备转学到上海！"李秀若对着旁边的刘銮英，坚定地说道。

"可是……我们才刚来一年，又要转学？"刘銮英先愣了一下，她觉得李秀若的决定太突然了，太不可思议了，她可一点准备都没有。

"是的，如果选择继续待在这里，我想我们很快就会成为亡国奴了，我得赶紧去上海，去寻求我奋斗的目标，去实现我救国报国之壮志！"

"要报国，哪里不是舞台，就一定要到上海？"

"对，我必须去上海，因为上海是共产党的诞生地！"

"共产党？"刘銮英听得目瞪口呆，虽然，她也曾支持共产党的主张与信念，但她更听闻国民党一直以来大肆屠杀共产党人。如果李秀若要参加共产党，那岂不是很危险？"你不和父母商量商量？"刘銮英真心希望李秀若慎重考虑，她知道自己劝解不了，便想到搬出李秀若的父母，看能不能让李秀若打消念头。

"不！我是不会告诉他们的！但上海，我是去定了！"李秀若非常坚决。见刘銮英有些迟疑，李秀若连忙给她分析了日军侵华的形势，表明了自己的人生追求。"上海是国际大都市，在那里我们也可以及时了解时局变化，而且那里还有许多不同党派的革命组织，能帮助我们找到救国报国的道路！"李秀若目光炯炯，其热烈的爱国情怀，也把刘銮英打动，最终同意一起转赴上海。

这一年的寒假到来之际，李秀若约上刘銮英，她们先去了岳飞庙，俩人在岳飞庙里祭拜了半天都舍不得离开，仿佛是向老朋友道别似的。最后，她俩还特意到裁缝店定制了两套秋瑾服装，选择一个宁静的下午，穿上这种一统齐到底的长袖长袍，站在秋瑾墓前，凝视不语，直到晚霞渐渐消散在天边才离去。

1934年冬，放寒假的李秀若回到石码与母亲相聚，并告知母亲将前往上海读书。陈茶虽然内心很是担忧，但时逢乱世，哪里也不是安居之所，就让孩子自己去闯吧。

1935年春，农历甲戌年的春节刚过，李秀若便匆匆离开了石码，与刘銮英相约前往上海。当她们踏上上海滩那一刻，就被眼前的景象吸引住了：行走在街上的小姐们，烫着时髦的发型，打扮得分外妖娆；各国的公使人员穿得西装革履，行色匆匆；街道上悬挂着闪烁的霓虹灯，百老汇歌舞厅里传来靡靡之音，马路街头无轨电动公交车来回穿梭着，热闹非凡……此时，穿着秋瑾直筒式长袍、脚蹬男式方头皮靴的李秀若与刘銮英，显得不男不女、土里土气，与周围的人们形成鲜明的对比。

  李秀若无惧别人异样的目光，她带着刘銮英，便匆匆赶往目的地——上海私立爱国女子中学[①]。当初，李秀若想转学上海，又苦于对她来说，上海是一个陌生的城市，所以特地请教了国文老师。国文老师知道她思想进步，爱国之情热烈，也热心地做了联络。让李秀若没想到的是，国文老师果真有门道，向她推荐这所中学，还写了推荐信。直到后来，李秀若才知道，这所学校，始终高举爱国、民主、团结的旗帜，站在革命运动的最前列，并早已在中共地下党的领导下，成为联络各界爱国人士团结抗日的重要据点之一，秋瑾、黄兴、徐锡麟、陶成章等都曾经在这里，与蔡元培先生讨论革命工作。

  当李秀若与刘銮英赶到上海私立爱国女子中学，便旋即大踏

---

  ①1901年，由我国民主革命先驱、著名教育家蔡元培先生组织的中国教育会，在上海创办男学与女学，当年12月2日，爱国女学在静安区白克路登贤里正式开学上课。1927年，爱国女学改名上海私立爱国女子中学。1937年，因战火爆发，江湾校舍尽毁，后迁至上海静安区南阳路215号。现该学校已更名为上海市爱国中学。

上海爱国女中读书期间的李林

步走进学校教导处办公室。

"报告，杭州女子中学李秀若前来转学报名。"

"报告，杭州女子中学刘銮英前来转学报名。"

"杭州时局稳定，难道不适合读书？缘何转学来上海？"一个戴着眼镜的老先生，语气严厉，大声呵斥！

李秀若没有退却，她呈上推荐信，并激昂应道："求学重要，但寻救国之道更重要！我们来上海，便是寻报国之道来的！"

"好呀！有志在年少，中国有救了！"老先生赞叹道，然后一改之前的严肃模样，笑道，"从今天起，你们就是爱国女中的一员了！欢迎你们！"

李秀若与刘銮英听了，激动得相拥而泣！

第二十一章　泪别慈母意更坚

　　1935年的上海私立爱国女子中学（以下简称爱国女中），校舍宽敞堂皇，设备完善，为沪上女校所仅有，一时负笈来学者几遍全国，在校人数达300多人。

　　刚来上海爱国女中，李秀若剪着短发，一身男装打扮，像极了"假小子"。平日里，李秀若操着一口闽南腔的国语，性格活泼开朗，又特别喜爱打篮球，球场上的她总是积极活跃，其高超的球技也让众多同学赞叹不已。闲暇之余，她又喜欢散步、游玩、唱歌、画画、吹口琴等，很快，她就完全融入这里的学习生活。

　　可是，刚入学还不到半年，一天中午放学，李秀若就接到学校收发室人员的通知，说她家人发来一封加急电报，待她撕开电报，上面赫然写着"母病危速归"！李秀若一看，顿时觉得双脚酸软。她心急如焚，立即向学校请假，连夜赶回漳州石码。一路

李林（后排左二）就读上海爱国女中时校篮球队队员合影

李林（后排右二）就读上海爱国女中时校田径队队员合影

上，李秀若忐忑不安，她不停地祈祷，希望上苍保佑她母亲度过危险。就这样，经过三天三夜的奔波，李秀若带着万分不安的心情，终于回到了石码。

"阿母——"还没进家门，李秀若嘶声喊了起来，然后奔进屋里，当她疾步来到母亲床前，见母亲虚弱地躺在床上，双目紧闭，呼吸短促，她忍不住恸哭起来。

"阿母，我阿英仔，我回来了……"李秀若拉着母亲干瘪的手，泪如雨下。她把嘴巴靠近母亲的耳边，边哭边喊着，"阿母，我阿英仔，我回来了……"李秀若一连喊了十几次，或许是母女心心相连，陈茶似乎听到女儿的叫喊，微微地张开了眼，然后轻轻地挪动目光，直到注视到女儿身上，两颗硕大的泪水，一下子顺着眼角滚了下来。

"阿母，我阿英仔，我回来了……"李秀若的哭声也虚弱了，她紧紧拉着母亲的手，但此时，她感觉母亲的手越来越有力气了。

"阿英仔，你终于回来了，阿母等你真久了……"陈茶的声音很微弱，她用微弱的眼神端详着眼前的女儿，脸上浮现出丝丝的笑意。

"阿母，你会好的，我以后就在家陪你，再也不出去了，永远都不出去了……"李秀若愧疚地哭道，她一只手依然紧握着母亲的手，另一手轻轻抚慰着母亲的肩膀，也许是等待的日子过于漫长，陈茶是真累了，见到女儿，她心里也有了慰藉，便孩子般幸福地进入了梦乡。

原来，过完年后，陈茶没太注意天气变化，不小心着了凉，本来以为只是偶感风寒，吃几帖药就好了。闽南这个地区春季多雨，遇到阴雨天气，气温骤降，容易引发各种疾病。没想到的是，感冒引发咳嗽，陈茶连续吃药一个多月了，却一直不见好转，家人也是多方寻医问药，无奈病情却无好转，而且是愈发严重，到后来，居然病得全身虚弱下不了床。见陈茶已经奄奄一息了，嘴里日日夜夜挂着"阿英仔"，李秀若的堂兄便匆忙发电报到上海，催促李秀若速速归家。

归家的几日里，李秀若寸步不离母亲，她又是端水喂粥，又是端屎倒尿，把母亲照顾得非常周到。可是，天不眷人，一日，陈茶忽然久咳不停，李秀若连忙哭着把母亲撑坐起来，然后端上水。此时，陈茶早已气喘不息，脸色苍白，她似乎用尽全身力气，才说出话："乖女儿，阿母不行了，以后你得好好照顾小弟……"说着，抬起颤巍巍的手，指着床底的一个小铁箱，"箱底有一些钱财细软，你得好好……"话未说完，便又气喘起来，不一会儿，就咽了气。

李秀若见状，抱着母亲失声痛哭起来。周边的亲戚朋友，也悲痛地抽泣起来。一时间，整个屋子都被悲伤笼罩了。

这一日，正是1935年4月15日，农历三月十三。母亲的离世，让李秀若悲伤万分。料理完母亲后事，她继续待在家里，一是恢复失母之痛，一是照顾弟弟读书。一日，李秀若得闲上街买了份报纸，却见报纸上正报道日寇加快侵略华北地区的消息，她看得义愤填膺，怒火中烧。"失母之痛虽难忘，可国家与人民仍处于水深火热之中，我何以安于一隅！"她决意回到抗日救亡前线，奉献自己微弱的力量。

于是，李秀若唤来堂兄堂嫂和弟弟，哽咽道："我虽然答应我阿母，以后要照顾小弟，可是，我心中还有更重要的事未完成，不能再待家里了。"说完，转头拿起母亲遗留的小铁箱，打开一看，里面收藏着许多贵重的金银首饰及1000多块银圆。李秀若取了1200块银圆和1斤多黄金首饰，把剩余的交给堂嫂，说道："哥哥嫂嫂，弟弟以后就请你们照顾了！"

堂嫂吴燕表示不解，问道："你一个女孩子家，出门读书，还带那么多钱干吗？应该多留些给你小弟。"

李秀若回道："小弟尚小，不会用钱，我出门在外，以后用得上的地方很多。"其实，对于这笔钱，李秀若心中早已有了盘算。如果李林有幸活了下来，也许她真的会愧疚，也正因为她带走的是家中几乎所有的积蓄，导致其父亲生意失败后，家庭经济相当拮据，其弟弟妹妹，最终因生活贫困而无钱上学。

可是，在当初的历史背景下，相比国家与人民的苦难，李秀若怎么可能后悔一个小家的牺牲，怎么可能后悔当初的决定呢？

李林遗物小铁箱，现存放于浦南镇李林侄子李松年家中

李林养母陈茶之墓

第二十二章　结识革命领路人

返回上海爱国女中后，李秀若忍着失母的痛苦，继续投身紧张的学习中，很快，她也恢复了以往的生活节奏。每天上完课，她不是到学校的图书馆如饥似渴地阅读书籍，就是到学校操场和一群热爱运动的女同学进行激烈的篮球对抗赛。

一天，李秀若和队友的篮球赛正打得难解难分，双方拼命攻防，你追我赶，忽然间，两个队友在拼抢球时不小心互撞了，只听"哎哟"一声，一个队友的身体重重摔在地上，只见她抱住大腿，疼得直翻滚。众人一时惊呆，不知所措。说时迟，那时快，忽然一个身影冲了上去，背起倒地的队友，就奔往学校的医务室。待其他队友反应过来，那身影已经飘出十几米远了，大家连忙奔上去，才发现这个身影原来是李秀若，于是匆匆协助扶着受伤的队友赶到了医务室。

眼前的这一幕，正好被站在旁边观看比赛的贾唯英看在眼里，一下子，她对这位麻脸"假小子"有了一种亲近感，她知道这种助人为乐有情有义的人，才是可以结交的朋友，于是，便伺机接近李秀若。一日，刚好经过图书馆的贾唯英，见李秀若从图书馆走了出来，便小跑向前，无意间却撞到了李秀若的肩，把李秀若手里捧着的几本书撞落在地。

"对不起！对不起！"贾唯英连忙道歉，她本想和李秀若来个擦肩而过，借此机会相互认识，不料刚刚跑的速度过了些，居然把李秀若手里的书给撞落了。

"没关系！"李秀若并不介意，轻轻应了一句，便蹲下身捡地上的书。

贾唯英见状，连忙也蹲下身去一起捡。很快，俩人便捡完书，一起站起身来。这一蹲一站，俩人的距离忽然间拉近了。

"你好，我叫贾唯英，来自四川合江县。"贾唯英连忙自我介绍。

"你好，我叫李秀若，来自福建龙溪县。"李秀若回应道，并伸出友善的手和贾唯英握在一起。这一下，俩人的情感似乎升级了。

"对哦，你都读什么书啊？"贾唯英指着秀若手中的书问道。俩人的话匣子逐渐打开了。

"高尔基和屠格涅夫的！"李秀若应道。

"看来，你挺喜爱文学作品的，是不是想当文学家呢？"贾唯英笑着说。

"过去，我的确梦想成为文学家，但现在不想了。其实，除了文学，我现在对社会科学和哲学更感兴趣！"

"为什么呢？"李秀若的一番话，让贾唯英感到好奇。

"哎！"李秀若叹了口气，而后斩钉截铁地念道，"苟利国家生死以，岂因祸福避趋之！"

铿锵的话语让贾唯英心中肃然起敬，她问自己，这不是她要找的知己吗？这不是她要找的革命同路人吗？此时，她非常激动，也伸出友善的手，紧紧握住李秀若，诚挚地说道："从今天起，我贾唯英，就是你李秀若的朋友，一辈子的朋友！"就这样，两颗原本陌生的心，火热地燃烧到一起。

从此以后，李秀若和贾唯英因为共同的革命理想，走到了一起，成了知心朋友，她们先后投身到抗日队伍中去，成为亲密的革命战友。可惜的是，李林烈士最终在抗日战争中为国捐躯。新中国成立后，贾唯英多次到李林生前生活学习战斗的地方，追忆这段友谊，晚年时她曾撰写回忆录以缅怀烈士，积极宣传李林的英雄事迹，表达对这一位亲密战友的崇敬之情。有幸的是，原本与亲人失联的李林烈士，于1986年山西雁北电视台拍摄电视剧《烽火侨女》播出后，最终其身份被家乡亲人认出，李林烈士终于得以以衣冠冢的方式，葬在漳州市芗城区浦南镇牛尾岭的养父墓边。此后，贾唯

位于漳州市芗城区浦南镇双溪村牛尾岭的李林衣冠冢，李林忠魂回归长伴父亲李瑞奇墓旁

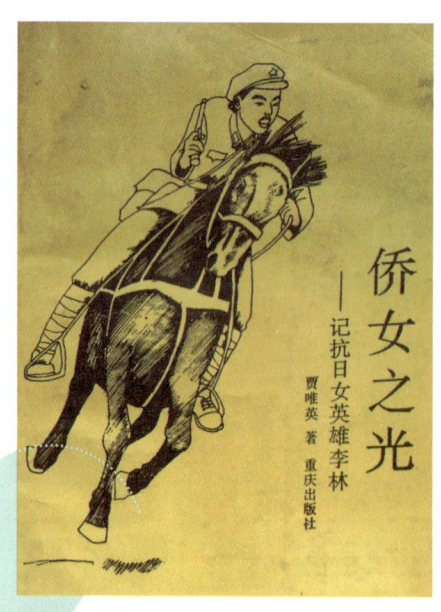

李林同学贾唯英写的关于李林的回忆录

英不远千里,来到漳州看望李林烈士的家属,参观了李林烈士曾经就读的集美中学,亲笔题下她饱含热泪的思念。

不久,在贾唯英的牵引下,秀若认识了胡乔木[①]的妹妹胡文新,这位李秀若日后走上革命道路的引路人。

胡文新为江苏盐城人,受其哥哥胡乔木的影响,在就读苏州中学时,她就参加了中国共产主义青年团,因其宣传革命思想,进行秘密的革命活动,后被学校开除,遂于1935年春,从苏州中学转到上海爱国女中,与李秀若成了新转学的同学。刚转学来上海爱国女中的时候,胡文新出于谨慎,不敢太张扬,她行事仔细冷静,坚定胆大,机警老练,表面上看起来是女孩子的温文儒雅,内心却蕴藏着火一般的革命激情。通过一段时间的观察和了解,胡文新发现贾唯英和李秀若是很有培养前途的好青年,便决心启发她们走上革命的道路。

在胡文新的推荐下,这期间,李秀若阅读了大量进步书籍,如

[①] 胡乔木(1912年6月—1992年9月),原名胡鼎新,笔名乔木,江苏盐城人。1930年下半年在北平清华大学读书时加入中国共产主义青年团,1931年"九一八"事变后参与领导北平学生的抗日救亡运动。1932年在盐城加入中国共产党,并在党的领导下从事宣传组织活动,主编《海霞》等进步文艺刊物。1933年下半年到1934年底在浙江大学学习时,组织秘密读书会,传播进步的社会科学和马列主义知识,是学生运动的领导人之一。1936年至1937年在上海参加左翼文化运动和中国共产党地下组织的领导工作,曾任左翼文化总同盟书记、中共江苏省委临时委员会宣传部长,是党在上海抗日救亡工作的领导者之一。从1941年2月起至1969年任毛泽东的秘书。胡乔木还曾担任中国社会科学院院长、新华社社长、中共中央书记处候补书记、中共中央政治局委员、中共中央顾问委员会常委等职。1992年9月28日,胡乔木因病在北京逝世,终年81岁。

描写苏联十月革命的《毁灭》《铁流》《士敏土》《夏伯阳》等，她尤其喜欢《夏伯阳》这部小说，还观看了同名电影，看完电影还意犹未尽地对同伴说："我真希望有一天能像夏伯阳那样带兵打仗，端起机枪射击小鬼子。"夏伯阳成了秀若崇拜的第一个苏联英雄。在阅读《第四十一个》一书的时候，李秀若更是对女主人公勇敢和百发百中的枪法特别喜欢，做梦都想像女主人公一样。

进步的刊物则像一股清新的春风，带给李秀若全新的思想感受，拂去了她心中许多不解的问题。《新生周刊》《世界知识》《妇女生活》……这些刊物，李秀若每期必看。特别是《新生周刊》，其中的文章，针对国民党当局的投降政策进行尖锐的批判，同时也宣传抗日救国主张，并指出青年应走的道路，这些都让李秀若阅读后，眼前豁然开朗。除此之外，为了提高革命理论认识水平，李秀若硬着头皮，阅读了一些她原本不感兴趣的理论书籍，如钱亦石的《中国怎样降到半殖民地》、沈志远的《社会发展史大纲》、艾思奇的《大众哲学》等，以开阔自己的知识视野。

通过不断的阅读，李秀若的眼界越来越宽，思想境界也越来越开阔，对社会发展的规律、妇女的解放道路、中国的出路等此类问题，她逐渐有了初步的认识和理解。在胡文新的领路下，李秀若如同一个求知若渴的孩子，正在一条通往振兴中华的崎岖革命道路上，不舍辛苦，不畏牺牲，勇往直前！

第二十三章　甘愿征战血染衣

上海，是新文化运动的发源地，也是中国共产党的诞生地。1915年，陈独秀[①]在上海创办《新青年》，提倡民主与科学，反对封建文化，揭开了新文化运动的序幕。这次运动沉重打击了统治中国两千多年的封建传统礼教，启发了人们的民主觉悟，推动了现代科学在中国的发展，为马克思主义在中国的传播和五四爱国运动的爆发奠定了思想基础。1921年7月23日，中共一大在上海召开，标志着中国共产党的诞生。

而彼时的上海，这座繁华的国际大都市，是海内外各方势力

[①] 陈独秀（1879年10月9日—1942年5月27日），原名庆同，字仲甫。安徽怀宁（今属安庆市）人。新文化运动的倡导者之一，中国共产党的创始人和早期的主要领导人之一。1915年9月15日，创办《新青年》杂志，举起民主与科学的旗帜。曾当选为中央局书记，中共第二、第三届中央执行委员会委员长，第四、第五届中央委员会总书记等。1922年11月5日，中共代表参加共产国际大会，陈独秀当选为共产国际执行委员。1927年7月12日，中共中央改组，陈独秀停职。1932年10月15日，陈独秀被捕。1942年5月27日在贫病交加中逝世，享年63岁。

的较量场，也是侵略者和冒险家的乐园。1845年，英国领事与上海道台签订《上海租地章程》，在上海划定了中国的第一个租界，而后美、法等帝国主义国家继起效尤。1928年，一列满载日本和欧洲公民的列车在中国境内被逼停劫持，为了"拯救"这群"国际友人"，驻于上海的日本军队占领了上海市的周边地带，后日军又于1932年挑动"一·二八"事变，侵占了上海虹口地区，逐步形成了"上海日租界"。日军在上海期间，暗中寻找时机进行各种破坏活动，制造事端，为其全面侵华做准备。而以蒋介石为首的国民政府，面对日军日益猖獗的侵略行径，采取妥协退让政策，在国内实行"攘外必先安内"的蒙骗国民政策，对中国共产党领导的工农红军和根据地，实行多次的围剿，妄图消灭中国共产党及其武装革命力量，在上海的中国共产党员，基本转为地下活动。

李秀若转至上海爱国女中读书期间，正值日军有序推进"渐进蚕食"中国华北地区的时候，她时常在街上目睹日军不可一世欺辱中国平民的情景，这让她感到无比伤感气愤。她简直无法相信，小时候在印尼看到荷兰人随意殴打印尼土著和欺压华人，那样悲剧的情景，为何又在这里重演！

一日，李秀若路过上海日军驻地虹口区的兵营，她远远地听见日军操练的声音，这声音让秀若感觉格外刺耳，她对一道同行的刘銮英说："我们中华泱泱大国，竟然让那些小鬼子在我们的土地上胡作非为，太气愤了！"

当李秀若和刘銮英走过日军兵营大门口时，门口站岗的日本兵冲着她们叽里呱啦喊着什么，并做出不可靠近的手势，请她们立即"走开"。李秀若越想越气，手指着门岗站立的日本兵，大声吼道："我们自己会走开，你们别得意太早，总有一天，我们一定把你们这些鬼子赶回去！"说完，还故意伸出拳头比画。日本兵感到她们的不怀好意，举起枪朝着她们一阵狂叫威吓，可李秀若和刘銮英却毫不示弱地大摇大摆地走开了，把这些日本兵气得直跺脚。

面对日本兵，李秀若的内心是反抗的，是强大的，但也是无比苦闷的。在上海，高楼大厦下是外国人开的洋行，停靠在黄浦江上的是外国的军舰，居住在租界里的是外国人高傲的身影！而码头上的工人，满街跑的人力车夫，衣衫褴褛的贫民，他们在这块本属于他们的国土上，整日受尽饥寒，受尽劳苦，受尽凌辱，这怎么不让李秀若那颗充满热血的心，充满困惑与迷茫？

然而，也正是这种忧心，这种为国家民族前途的忧心，让李秀若，以及中国千千万万的有志青年明白一个道理：落后就要挨打！想要翻身做主人，就得站起来抗争到底！因此，在李秀若的心里，一个人，只有当他把个人命运和国家命运紧紧地联系在一起的时候，他才能成为一个有所作为的人，他的人生才会焕发光彩！

少年李林英姿

在一次作文课上，国文老师布置了作文，要求学生们写一篇评论国家时局的文章。李秀若抬起头，却听到窗外传来的日军演习的隆隆枪炮声，同胞遭受欺凌的场景，一幕又一幕浮现在她的面前，她义愤填膺，提笔写下了豪气冲天的作文《读〈木兰辞〉有感》。在这篇作文中，她写下了两句不朽的诗句：

"甘愿征战血染衣，不平倭寇誓不休！"

国文老师被这篇作文的真情实感所震撼，击节赞赏，在原本满分为100分的作文卷子上，他用大大的红笔写下耀眼的"105"分。

第二十四章　黄浦江畔爱国潮

自从认识了贾唯英，李秀若身边的伙伴也多了起来。她不仅有老朋友刘銮英朝夕相伴，有新朋友胡文新一起畅谈理想，平日里，她还结交了一大群有志青年，共同探索民主革命思想。从此，李秀若的学习与生活，也逐渐变得丰富多彩起来，这让她深深明白，当初转学来上海的决定是对的。

可是，随着知识的积累和视野的开拓，李秀若逐渐发现，她的思想只是停留于理论层面，她已经长大了，应该将满腔的爱国热情，积极投身到救亡图存的革命活动中去。于是，她找到了贾唯英商量："文新是这里人，对这里比较熟悉，平日里又很活络，要不要问下文新，哪里能找到可以参加革命活动的爱国进步组织？"

"我觉得你说的有道理，只有找到进步组织加入，我们的革命力量才会变得强大。走，我们一起去找文新。"说着，就拉着李秀若一起去找了胡文新。

胡文新正在图书馆看书,见李秀若和贾唯英俩人行色匆匆,便拉着俩人走出图书馆,问道:"看你们这么着急,是有什么急事?"

"也不是什么急事,就想问你,有什么熟悉的爱国进步组织可以引荐我们加入?"李秀若连忙答道。

"有是有,只是……"胡文新思考了一会儿,继续说道,"只是不知道,你们想不想加入?"

"只要是爱国组织,我都愿意加入,你赶紧说,是什么组织?"贾唯英喜出望外。

"中国社会科学者联盟!"[②] 于是,胡文新详细介绍了中国社会科学者联盟的性质、任务及入会条件,以为李秀若也会像贾唯英一样高兴得不得了,哪知道李秀若听了后,一点儿也不高兴。

"我连社会科学的大门都还未跨进去,哪里说得上什么'者'呀,我只是个高中生,还谈不上'社会科学者',加入这样的组织能帮上什么忙!"李秀若不解地说道。

---

②中国社会科学者联盟原名为中国社会科学家联盟,于1930年5月20日成立,是中国共产党在上海建立的传播马克思主义的文化理论团体,简称"社联",是第二次国内革命战争时期中国共产党领导的重要的革命文化团体之一。当时参加"社联"的条件很高,都必须是左派社会科学界人士,后来随着形势发展,才逐渐变为群众性的革命组织。1936年,在中国共产党建立抗日民族统一战线的号召下,多数会员参加了各界救国会的工作,社联自行宣布解散。

"那你自个儿找去。"贾唯英气冲冲地说道,还没等胡文新继续解释,便头也不回地走了。

见贾唯英生气地走了,李秀若连忙上前跟胡文新道了歉。回寝室的途中,她的大脑很乱,其实她并不是不想加入这个组织,只是她觉得作为一个学生加入"中国社会科学者联盟"太名不副实,加入组织就应该贡献自己的力量,她有什么能力和"科学者"并列一起呢?其实,李秀若的纠结,也证明了她思想的局限性,她根本没有想到,在当年的历史背景下,像"中国社会科学者联盟"这样的爱国组织,其最重要的条件,就是以马克思主义的文化理论武装自己,探索属于中国的救亡图存之路。

后来,李秀若虽然没有加入"社联",但她也积极向这个组织靠拢。1935年秋,李秀若接受了"社联"组织的建议,与贾唯英、胡文新三人共同竞选上海爱国女中学生自治会干事。在大会上,李秀若发表了竞选演说,第一次显示了她天才般的演说才能,受到同学们的热烈掌声。最后,她们三人全部当选,后来,在"社联"的领导和支持下,她们运用学生会这个合法组织,开展了许多场重要的宣传活动。

1935年注定是不平凡的一年,从夏季开始,日本关东军和天津驻屯军积极行动,策动"华北五省自治运动"。而蒋介石则为了消灭中国共产党,面对日军的不断挑衅处处妥协退让。1935年7月6日,国民党政府代表何应钦复函日军梅津美治郎"所提各事项均承诺之",史称"何梅协定",而这一协定,削弱了河北的其他抗日军事力量,同时使得日本在华北的势力得到了极大的加强,为日本进一步制造"冀察特殊化"和分割华北创造了有利条件。从此,整个河北的军事、政治、经济都处于日本的控制之下,中国在河北的主权全部丧失。

燕云之地,已处恐怖气氛笼罩,江南门户,已在山雨飘摇中。中华民族已经到了生死存亡的时刻了!1935年12月9日,在中国共产党的领导下,北平大中学生数千人举行了抗日救国示威游行,反对华北自治,反抗日本帝国主义,掀起全国抗日救国新高潮。"一二·九"运动公开揭露了日本帝国主义侵略中国的野心,打击了国民党政府的妥协投降政策,大大地促进了中国人民的觉醒,促进了国内和平和对日抗战的决心,标志着中国人民抗日民主运动新高潮的到来。为响应"一二·九"运动,从12月11日开始,天津、保定、太原、上海、杭州、武汉、广州、成都、重庆等大中城市也先后爆发大规模的学生爱国集会和示威游行,许多大中学校及工会等组织,纷纷给北平学生发去函电,支持北平学生的爱国行动。

"向政府请愿,就是向日军示威。我提议,立刻动员全校同学像北平同学一样请愿示威!"经李秀若提议,上海爱国女中学生自治会决定组织发动全校学生到江湾的上海市政府门前请愿,在黄浦江畔,掀起一股爱国的宣传活动浪潮,时间定于12月19

日清晨。

这一天，天还没亮，学生们就早早在上海爱国女中的校门口集合完毕。"跟我来！"随着李秀若一声高喊，学生们就跟随李秀若、胡文新、贾唯英、刘銮英等人，有序地向上海市政府进发。一路上，他们不停地喊着口号，散发传单，当游行队伍行进到外白渡桥，却遭遇政府军警的阻拦，游行队伍停止不前。

"同学们，不要怕，冲上去！"李秀若挥舞手臂高呼，这一呼，同学们情绪更加高涨，游行队伍顿时像一把利剑，尖锐地刺向围堵的军警人员，瞬间，游行队伍冲破封锁线，最终到江湾的市政府门前集合请愿，时任上海市教育局局长潘公展出面会见请愿学生，他代表市长称"绝对保护上海爱国学生运动和言论集会的自由"，并接了请愿书。至此，声援"一二·九"运动的请愿活动取得圆满成功。

12月20日，中国共产主义青年团中央委员会发表了《为抗日救国告全国各校学生和各界青年同胞宣言》：

全国各校学生们！

各界青年同胞们！

看啊！北平各校的学生们，为了中华民族的生存，为了祖国领土的完整，为了四万万同胞的人权，已经挺身而起，高举着"打倒华北自治""坚决抗日""反对降日政策"的义旗！

在日寇与卖国贼的铁蹄蹂躏之下，我北平英勇热血的青年，举行了壮烈的示威。我北平可爱的青年学生们，为着抗日爱国，成数十的遭枪杀了，成百数的受伤亡了，大批的被逮捕入狱了，全国各地，南京、杭州、上海、广州、武汉的学生和工人闻风响应，罢课游行，群起抗议。爱国青年的鲜血，染红了北平的街巷，抗日救国的神圣旗帜，就在全国各大城市飘扬起来！

亲爱的学生们！当国亡种灭大祸临头，抗日则生、不抗日则死的紧急关头，爱国青年的血，绝不会是白流的，全国有血气的青年，全国不愿做亡国奴的同胞，必定会一致奋起，在抗日救国的旗帜之下，踏着爱国青年的血迹前进！

亲爱的学生们，各界兄弟们！

中国学生在抗日救国事业上是有极伟大光荣的传统！爱国学生运动的伟大历史教训，照耀着我们今日救国运动的道路：壮烈的"五四"运动，伟大的"五卅"运动之成为中国民族革命中最光荣的伟绩，是由于当时学生表现了伟大的爱国精神，喊起了全国人民的同情，推进了工农兵商学各界同胞的大联合。"九一八"事变后，英勇的南下学生示威团之遭受失败，而不能达到其救国目的，就是由于当时学生组织的散漫，行动的不统一，更是没有注意深入到工农军政商学各界同胞中去，没有推动他们组织起来，以致不能把各界同胞的同情变成一致的行动，使运动形成孤立所致。所以只有本着统一的目标，建立统一的组织，实行统一的行动，才能进行坚决的战斗；只有工农兵商学各界的大团结才能胜利，这是每个爱国的学生们、青年们所不应忘记的血的教训啊！

亲爱的学生们！各界青年同胞们！把握着这一伟大的教训，领会着这一伟大的教训啊！

把自己的组织巩固起来！巩固各校学生联合会的组织，巩固各地学生救国会的组织，组织全国统一的学生救国会，组织与训练全国统一的学生救国军！

把反日救国运动扩大起来！到工人中去，到农民中去，到商民中去。到军队中去！唤起他们救国的觉悟，推进他们建立救国会的组织，进一步建立各地各界救亡大会和全国救亡大会，实行全民抗日救国大联合和实行全国各界同胞武装抗日的共同战斗！

当目前民族危亡已处千钧一发的时候，团结则生，分裂则死。只有全国人民，不分党派，不分信仰，不分地域疆界，不分民族区别，实行共同奋斗，才能挽救民族的灭亡！

因此，中国共产青年团向全国各学校学生们，各界青年们呼吁：一切爱国的青年同胞和青年组织，大家在抗日救国的义旗之下联合起来！

我们极恳切地声明：中国共产青年团不但愿意与任何抗日救国的组织合作，与一切爱国同胞实行亲密团结，共同奋斗！而且愿意把我们的组织开放起来，欢迎一切赞成抗日救国的青年加入，把我们共产主义的青年组织，公开地变成广大群众的抗日救国青年团。换句话说：以前加入我们青年团的人，一定要相信共产主义的，现在，我们共产主义青年团改变为抗日救国青年团以后，一切爱国青年，相信共产主义的也好，不相信共产主义的也好，只要愿意抗日救国的，就可以加入我们的抗日救国青年团。

至中国民族危急存亡的今日，一切共产主义的青年，都应当是最坚决最彻底保卫祖国的战士与先锋，不实行保卫祖国的任务，便是对马克思列宁主义的叛变！

一切有血气的中国青年们，赶快抛弃一切派别上、意气上的争执，在抗日救国的神圣旗帜之下共同奋斗起来！大家亲密团结起来！担负起保卫祖国的天职！

我们高呼：

为抗日救国自由而战！

为释放被捕同学而战！

为打倒"华北自治"而战！

为打倒日寇汉奸而战！

为实行讨伐叛逆而战！

为祖国生存独立而战！

全中国青年抗日救国大团结万岁！

中国共产主义青年团中央委员会

（一九三五年十二月二十日）

《为抗日救国告全国各校学生和各界青年同胞宣言》的发表，激起全国各地大学生高涨的抗日救国热情，接着全国各地先后建立了中华民族解放先锋队和青年抗日先锋队等青年抗日救国团体。中共上海地下党组织为了适应发展的新形势，以便更广泛地团结爱国青年，遂组织成立了上海"抗日救国青年团"。由于在请愿活动中的突出表现，中共上海地下党组织也早已注意到李秀若和贾唯英，于是，在胡文新的帮助下，她俩双双加入了"抗日救国青年团"。

加入了"抗日救国青年团"以后，李秀若显得非常自信，她满意地对胡文新说："我终于找到适合我的组织了！现在，我有无穷的力量，我不再是一个个体的我，我是革命组织中的一个小小的细胞。"

第二十五章　倾资办平民夜校

也是 1935 年，秋。

一天晚上，李秀若约上贾唯英一同前往黄浦江边的码头，她对贾唯英说："我很喜欢来到码头，每次看到那些面黄肌瘦、破衣烂衫、扛着沉重的大木箱直不起腰来的码头工人，我就会更加清醒，我就会深刻反思自己，我应该为这个国家做点什么。"那一晚，她们吹着懒散的海风，望着远处朦胧的天空，陷入了久久的沉思。

夜深了，李秀若长长叹了一口气，她挽着贾唯英的手准备走回学校，忽然，一个穿着短裤赤着胳膊的车夫拉着黄包车站在她们面前，用近乎乞求的口吻问道："两位小姐，坐车吗？"

李秀若本欲拒绝上车，但想到黄包车夫为生计这么奔波辛苦，也就拉着贾唯英上了车。"大伯，我俩是学生，还在读书

晏阳初

呢。"上了车，李秀若不好意思地解释道。

"姑娘，你俩命真好，我家闺女可没你俩福气啊。"车夫拉起车一边跑，一边伤心地说道。

"大伯，你家闺女没有上学？"李秀若关切地问道。

"穷苦人家哪有钱上学啊！还好，前年江湾那里办了个晏阳初①平民学校，读书不要钱，我闺女只读了一个月……"

"晏阳初平民学校？一个月？"李秀若既好奇又诧异。

"是啊，学校离家远，孩子没钱坐车，只能每天走路去，可是，好不容易走到学校，人家又要放学了，哈哈，一个月后，我就让闺女不要上学了。"车夫一边自嘲，一边叹着气。

这种对话，却让车上的李秀若和贾唯英感到心酸。当车子

---

① 晏阳初（1890—1990），别名晏遇春，四川巴中人，中国平民教育家和乡村建设家。1913年就读于香港圣保罗书院（香港大学前身），后转到美国耶鲁大学。1920年，晏阳初回到中国，在上海基督教青年会全国协会智育部主持平民教育工作，1922年初发起全国识字运动，号召"除文盲，做新民"。晏阳初早期开展平民教育运动时，认为中国的大患是民众的贫、愚、弱、私"四大病"，主张通过办平民学校，对民众尤其是农民进行多种教育和培养，从而达到强国救国的目的。著有《平民教育的真义》《农村运动的使命》等。

到了学校，下车时，李秀若特意要了车夫家的住址，还多给了车费，车夫激动地说："闺女，你们都是好人，将来会有好报的。"说完，就拉着黄包车消失在夜色中。

回到寝室，李秀若躺在床上，整晚翻来覆去，她的脑海里一直回响着黄包车夫的话。晏阳初平民学校？读书不要钱？她想起了回乡倾资办学的华侨领袖陈嘉庚，想起了在印尼筹办中华学校以供华侨子弟学习的父亲李瑞奇，想起了为祖国兴亡不惜抛头颅洒热血的英雄们……"我能为这个国家做点什么呢？"想着想着，李秀若双眼噙满了泪水，耳边响起陈嘉庚先生说过的一番话："民智不开，民心不齐；启迪民智，有助于革命，有助于救国，其理甚明。"突然，李秀若眼前一亮，她兴奋地从床上跃起，喊道："唯英！唯英！快起来！快起来！"

早已熟睡的贾唯英，被李秀若这一喊叫直接惊醒，她睁开蒙眬的双眼一下，就又拿被子把头蒙住了。

"唯英！别睡了，我知道我该做点什么了，我要创办平民学校！"李秀若没理会贾唯英，而是自顾自兴奋地说。

"什么？创办平民学校？"这一下，贾唯英是真吓醒了。"你开玩笑吧？就凭我们几个，就想办平民学校？"

"我已经想好了怎么做了！"李秀若坚定地说。

这一晚，俩人窃窃私语，彻夜未眠。天刚微亮，李秀若就喊上贾唯英，来学校总务主任的办公室门口。因为来得太早，总务主任还没来上班。她俩在门口踱来踱去上百回，才等到总务主任，还没等他坐稳，李秀若已经急匆匆地把创办平民学校的想法、计划和办校的意义统统讲了一遍，讲得总务主任一脸惊愕、目瞪口呆！

"办平民学校，不仅可以教授文化，还可以宣传抗日，让民众觉醒。只有民众觉醒了，他们才会懂得民族气节，也才能成为抗日的新生力量。"说到这儿，李秀若半开玩笑地对总务主任说，"办平民学校，让更多人接受教育，也是上海爱国女中的功德啦！"

"办平民学校好是好，但经费从何而来？"总务主任有些不解，眼前这两位毛丫头，理想虽然很宏大，只可惜很难实现啊。

"如果……如果学校……学校能够支持，经费……我个人可以出！"李秀若有些不好意思。自从母亲陈茶去世后，她带走家中几乎所有的积蓄，这些年，为抗日她捐了一些，支持贫困的同学用了一些，但大部分资金是没有动的，也就是因为有了这些资金，她才有了这样的底气。

总务主任愣了一会儿，随后感动地笑道："想不到，你们这些毛丫头，身上有大能量啊，这大功德，让你们几位毛丫头抢喽。"当即，他建议，将李秀若想要创办的平民学校，改为"平民夜校"，一是不与学校白天的教学冲突，二是可以让更多的平民百姓在闲暇的夜间学习，这样，学校就可以腾出夜间闲置的平房会议室，作为"平民夜校"的教室。事后，总务主任还将李秀若等人准备在上海爱国女中办"平民夜校"的事，上报给上海社联组织，社联组织通过胡乔木、陈延庆等社联成员向李秀若说明，组织会全力支持，并指示"在平民夜校上要多进行抗日教育，多宣传共产党的革命"，同时强调"办平民夜校，除了多一个人识字学文化之外，还可以创造一番教育平民的经验，将来在更大的范围内推广和应用"。

得到学校与组织支持的李秀若，办学的信心大增，她带领几位好友，着手筹备办校事宜。她自任校长，负责招生工作兼教员，邀请社联成员陈延庆担任名誉校长，又拉来社联成员黄丽偱、周桂芳等做教员。因黄丽偱、周桂芳二人皆为上海本地人，会用上海话教学，便于不识字的平民百姓沟通学习，也便于招生。

当一切准备就绪，就只差招生了！当然，招生是个大事情！李秀若首先制定了招生的原则：不分男女，专招穷人。由于没有办学招生的经验，她想到了上次黄包车车夫掮到的"晏阳初平民学校"，于是，便约上黄丽偱、周桂芳等好友，专程到晏阳初及其同人共同创办的平教总会[②]的上海分会去求教、求助。

[②] 平教总会，全称为"中华平民教育促进会总会"。1922年，晏阳初在全国发起"除文盲，做新民"的识字运动后，掀起了声势浩大的平民教育热潮。1923年秋，得张伯苓、蒋梦麟、陶行知等文化名人，特别是曾任国务总理的熊希龄的夫人朱其慧大力支持，"中华平民教育促进会总会"在古都北平成立，晏阳初任总干事。平教总会成立后，先后在华北、华中、华东、华西、华南等地开展义务扫盲活动。

第一次来到平教总会上海分会，李秀若一路上高兴地哼起了小曲，欢快得像只小鸟似的。到了上海分会，李秀若虚心学习了晏阳初先生教育的主张，以及许多未知的知识，逐渐清楚自己创办平民夜校的教育方向和宗旨。回去的路上，她兴奋地对同往的好友说："有了晏阳初这么好的引路人，还担心办不了夜校吗？假如我们能把夜校办好，我们的国家民族就大有希望了。"于是，她发动学生会成员在学校大门口张贴招生启事，在街上向过往路人发放宣传单，快马加鞭地开展招生工作。可是，几天过去了，学校却不见一个人前来报名，招生工作一点动静也没有！

第二次来到平教总会上海分会，李秀若一路上忧心忡忡，疑惑不解。上海分会的同志热心地告诉她，应该如何到民众家庭中进行动员，应该如何做好民众的思想教育宣传工作，一番的传授使李秀若茅塞顿开。回到学校后，她立即约上好友，到学校周边的工人棚户区，挨家挨户动员平民报名就学。最明智的是，李秀若来到那晚街上遇到的黄包车夫家，黄包车夫一听李秀若要办平民夜校，大加赞赏，不仅给自己的闺女报了名，还带着李秀若等人一家一户走访宣传动员，许多穷困的工人听李秀若办的是免费夜校，起先都还将信将疑，但在黄包车夫的共同劝说下，也纷纷给自己的子女报了名。首次招生成功，让李秀若等人积累了经验，她们把动员对象做了分类，一人一法，一家一论，一生一讲。功夫不负有心人，首期终于招到36名学生。学生有了，那教材怎么办呢？

第三次来到平教总会上海分会，李秀若一路上悲喜交加。她匆匆地赶到了上海分会，激动地跟上海分会的同志讲述自己的招生情况，和自己现在遇到缺少教材的困境。上海分会的同志了解情况以后，表示可以无偿提供 16 种教材，这让李秀若终于卸下了心头沉重的石头。

即使困难再多，也是有办法攻破的，李秀若的"平民夜校"，终于突破重重困难如期举办。此后，在李秀若的不懈努力下，许多原本读不起书的贫穷人家的子女，因此而获得就学机会，他们不仅学到了知识，也增强了爱国意识。随着学员的增加，为了维持夜校的正常运转，李秀若不仅花光了全部的积蓄，最终也不得不变卖掉母亲生前留给她的金银首饰来做贴补，但她从不后悔。即使后来，李秀若曾因参与策划抗日宣传而遭受拘捕退学，平民夜校也没有停止过正常教学。正是这一段不寻常的办学经历，让李秀若终生难忘，也让她终生自豪！

直到 1936 年 7 月，李秀若离开上海前往北平求学，平民夜校在创办一年后，终因无人管理而中断了。

第二十六章　遭受拘捕遭退学

1935年年底，正当李秀若忙于组织策划各种抗日宣传活动的时候，她收到了来自漳州石码的家书，家书说父亲一家人都已回国，让她有空回家一聚。由于当时时局不稳，上海爱国女中提前放了寒假，李秀若便匆匆赶回石码老家，见到了从印尼回国的父亲李瑞奇及弟弟妹妹。此时，由于印尼当局"排华"更为严重，生意愈发惨淡，加之李瑞奇平日无暇打理生意而交由他人管理，因用人不善导致公司逐渐亏损，最终只好廉价变卖掉家产回了国。

回家后，李秀若尽量与家人一起，以弥补分离多年缺失的亲情。但当时日军侵华日益肆虐，李秀若虽有心陪伴家人，但也是整日忧心忡忡，一个多月后，她还是决定重返上海。在准备离开的前一天，她破天荒地与父亲李瑞奇促膝长谈了一夜，第二天便在父亲的目送下，匆匆返回上海。这也是李秀若一生中最后一次回家，此后，她便与家人失联。据李家后人回忆，当初皆猜测李秀若因携带了太多钱财导致遭遇不测，谁能料想，日后为国捐躯的抗日女英雄李林，正是李秀若。当然，让李秀若想不到的是，回国后的父亲李瑞奇一家，也终因资产锐减，又逢国内乱局，生活从此陷入贫困。

返回上海后，李秀若继续投身抗日宣传活动。1936年3月8日，国际妇女节到来之际，李秀若等人组织和发动了青年学生游行，并带动上海市万余群众参与，这场大游行的照片登上了上海出版的著名杂志《妇女生活》第二卷第三期封面，题为《上海的"三八"》。照片中，李秀若走在群众前列，神情泰然。而此时，北平参与游行的学生，被捕200多人。许多宣传抗日救国的刊物，也被禁止出刊。

1936年3月8日，李林等人组织和发动了青年学生大游行

接着,在"红五月"里,"五一""五四""五卅"等特殊的纪念日,上海群众的集会游行一场接一场,革命热潮一波又一波,共同抗日的呼声越来越高,国民党当局的防范与镇压也加剧了,游行中,学生被捕或被打伤的事件时有发生。

1936年5月31日,全国各界救国联合会在上海召开成立大会。华北、华南、华中及长江流域20余省市60多个救亡团体的代表共70余人出席大会,会议通过了《全国各界救国联合会成立大会宣言》《抗日救国初步政治纲领》《全国各界救国联合会章程草案》等文件,选举宋庆龄、何香凝、马相伯、邹韬奋等40余人为执行委员,沈钧儒、章乃器、李公朴、史良、沙千里、王造时等14人为常务委员。文件规定救国会的宗旨是"团结全国救国力量,统一救国方案,保障领土完整,谋取民族解放"。其现阶段的主要任务是"促成全国各党各派团结合作,共同抗日;要求各党各派立即停止军事冲突,派遣正式代表进行谈判,制定共同抗敌纲领,建立统一的抗敌政权"。文件还要求集会、结社、言论、出版自由,坚决反对任何当局压迫民众运动,摧残言论自由。

"全国各界救国联合会"在上海的召开,极大振奋了全国各地各界爱国人士,特别是上海的大中学生。6月初,中国共产党领导下的上海市学生联合会,组织了上海全市大中学生暑期环县区抗日宣传团,举行轰动上海的抗日宣传活动。

李秀若是"抗日宣传团"的主要引导者。烈日炎炎中，李秀若与贾唯英等队友背着行李，汗流浃背，但他们依然不畏辛苦，引导参与的队友扛着旗子，一路高歌，向郊区出发。

"抗日宣传团"抵达的第一站是松江县。队伍抵达县城后，李秀若组织队友分头行动，他们给群众发传单，在墙上张贴海报，一边向普通民众宣传抗日救国思想，一边积极准备晚上的宣传演出。"抗日宣传团"的到来，惊动了这座原本平静的小城。夜幕降临以后，群众从四面八方涌向剧院，顿时，剧院里人山人海，热闹非凡。

"不准演出！不准演出！"一切准备就绪，正要开演，松江县长突然派人前来下达命令。

"为什么不准演出？"队友们把来人团团围住，愤怒地质问道，"我们妆都化了，群众也来了，怎能不演？"

在大家的据理力争下，来人只好同意让队员们只演一个节目，然后尽快解散聚集的群众。于是，队员们只好把最好的节目，更加投入、更加专注地演绎给群众看，此时，群众的热潮是一浪高过一浪，当现场的气氛即将到达高潮时，剧院的灯忽然熄了。

"开灯！开灯！……"群众高声呐喊，声音震撼山岳。

许久，灯终于又亮了，可是，台上站的却不是演出的人员，而是一个高高瘦瘦的中年男子。"我是松江县县长金体乾①，我刚接到上海警备区命令，要求你们立即撤离。请大家放心，我会负责安全地送你们回到上海！"说完，就在穿黑衣、戴墨镜和歪帽子的特务们的护送下离开了。

"宣传抗日，何罪之有，为何不让演出？"队员们愤怒了，群众也愤怒了。争吵之下，他们与现场军警特务发生激烈的冲突，当晚，李秀若及其他骨干的队员，遭到了拘捕，并被连夜强行押送回上海。

随即，上海爱国女中的爱国师生，立即与当局斡旋，希望释放被拘捕的学生。但是，当局态度强硬，要求学生停止一切游行示威活动，并要求开除带头的被拘捕的学生。最终，校方迫于当局的压力，无奈做出开除李秀若和贾唯英等学生的决定。

第三天，李秀若和贾唯英等学生，终于被释放了。

然而，此次宣传活动的受挫，并没有使李秀若等人选择退却，相反地，他们心中那股救国图存的热火，从此越烧越旺了！

---

① 金体乾，字葆光，浙江长兴人，生卒年不见其记载，曾于1933年任江苏省府秘书长，1935—1937年间，曾任松江县县长。相对于仕途而言，其在学术上的成就，远远大于其政治上的意义。鉴于民国当时海关权不自主，金体乾发挥其所长，愤而著书《海关权与民国前途》，为民国海关权的自主，呐喊献策，颇多汗马功劳。

第二十七章　泪别上海望北平

被上海爱国女中退学以后，鉴于李秀若等人的爱国热情，学校允许她们暂时先借住学校，以待时机好转再另做打算。自此以后，李秀若仍积极组织策划多次游行示威活动，在一次又一次的斗争中，她无惧危险，忍受考验，斗争使得她的意志得到锻炼，她的思想也发生了很大的变化，革命理想也逐渐树立起来，她说："我发誓，我要做一名勇敢的抗日救亡的战士，为祖国的救亡图存，奉献所有的光与热！"

然而，自松江游行被捕后，李秀若、贾唯英等人，就已经被当局列为危险分子，如果选择继续待在上海，她们随时都可能再次遭受拘捕，甚至付出生命的危险。但是，早已加入"抗日救国青年团"的李秀若、贾唯英等人，她们需要接受中共地下组织的领导。当时，代表组织的胡乔木和陈延庆等人，根据时局分析，

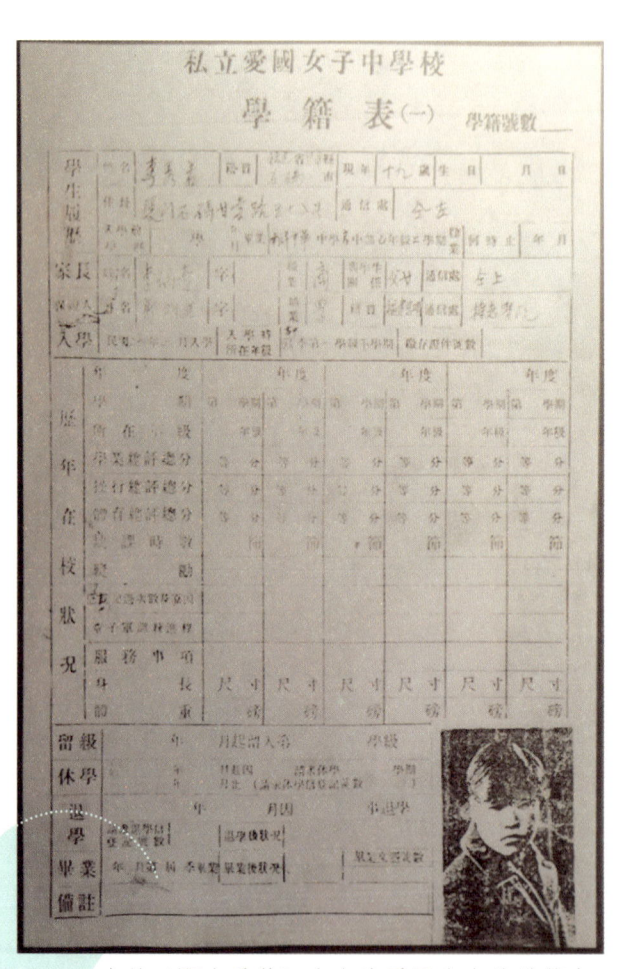

李林（即李秀若）在上海爱国女中的学籍表

不赞成李秀若、贾唯英等人离开上海，他们委托胡文新暗中保护，并传达对她们在抗日宣传工作中出色表现的肯定和慰勉，表示要介绍李秀若、贾唯英等人加入中国共产主义青年团。

对于组织的提议，李秀若却有自己另一番打算。其实，从被释放的那一刻起，李秀若对中国共产党就有了更深刻的认识。她认为，只有共产党才能救中国，上海虽然是中国共产党的诞生地，但真正将抗日救亡运动推向高潮的，是北平的中共地下党。所以，她向往北平，热爱北平，那里是五四运动的中心和"一二·九"大学生运动发源地，那里悠久的历史、古韵的文化都是她魂牵梦萦的。她要到北平去！要到人民群众的爱国运动热潮中去！

这是6月底的一天晚上，刚从平民夜校教学回来，李秀若早已全身疲倦，她洗漱完准备睡觉，却发现大脑里总有东西在转啊转，转得她头痛难忍，难以入眠。于是，她摇醒熟睡的贾唯英，轻轻问道："唯英，唯英，咱们上北平去好不好？"

贾唯英睡眼惺忪地从床上坐起来，打着哈欠问道："在上海不是好好的，去北平做什么啊？"

"去北平参加革命！"李秀若坚定地喊道。

贾唯英被李秀若的这一句铿锵有力的话语给震醒了，她揉了揉眼睛，问道："北平？你人生地不熟的，你去哪里革命！"

"所以，我才想让你陪我去……"李秀若忧伤地答道，夜色中，她用近乎乞求的眼神，盯得贾唯英全身都有些发麻了。

"你别死死盯着我！"贾唯英推开李秀若，连忙从床上站了起来，她边踱着步边思考，"对了，我想起来了，在北平，我认识我哥哥的一个朋友，可以帮我们……"

"谁……"李秀若迫不及待了。

"好像叫……对了，叫覃友吾[①]，北平地下组织的一个进步分子。"

"进步分子？"一听说是地下组织的进步分子，李秀若激动得连说话的声音都有些颤抖了，"这真是太好了！我们去北平有着落了！"

第二天早上，李秀若与贾唯英早早就去找了胡文新，并说明了上北平的想法，胡文新见她俩去意已决，就报告了上级组织。上级组织立即传达了准许李秀若、贾唯英等人加入中国共产主义青年团的决定。于是，在胡文新等人的见证下，李秀若、贾唯英等人进行庄严的宣誓：

"我志愿加入中国共产主义青年团，坚决拥护中国共产党的

[①] 覃友吾，又名覃永襈，原名秦仲方（1911—2007），四川达县人。1935年12月参加革命工作，1936年参加中华民族解放先锋队，同年11月加入中国共产党，参加了西安事变。先后担任中共北方局宣传干事、党校班主任，晋南省委宣传部干事，隰县县委书记，晋西南区党委宣传部教育科科长，晋西北区党委第三地委宣传部部长，晋绥分局第六地委书记兼晋绥区第六支队政治委员，晋绥边区第六专署专员，晋西北行政公署第一副主任，晋绥分局城工部副部长。解放后曾任国家城市建设总局党组成员、副总局长，纪律检查组组长。

领导，遵守团的章程，执行团的决议，履行团员义务，严守团的纪律，勤奋学习，积极工作，吃苦在前，享受在后，为共产主义事业而奋斗。"

宣誓完毕，李秀若、贾唯英等人终于成为光荣的中国共产主义青年团团员，在革命的道路上，她们迈出了光辉的一步。

1936年7月5日，在一切准备就绪的情况下，李秀若和贾唯英登上了上海招商局的一艘邮轮。黄浦江水，滔滔东流。当邮轮的汽笛声起，李秀若和贾唯英踏上甲板，望着远去的一幢幢高楼，李秀若的眼睛湿润了，在上海的这些日子，记忆的潮水如同电影般掠过了她的脑际，她悲喜交加！国耻民难又如尖刀深刺在她的心头，她悲愤难忍！站在甲板上，她任凭硕大硕大的泪水，一滴一滴沉重地掉落下来……后来，李林在回忆当初惜别上海时曾感慨道："……我开始确定了我应该走的方向。而上海是伟大的，到现在我还不能而且不会，永远不会忘记那伟大的上海！"②的确，上海便是李林踏上革命征程的起点。

"到了北平，我们一定珍惜锻炼的机会，不会让组织失望的。"

"到了北平，我们一定接受组织的考验，积极投身革命！"

……

邮轮的汽笛声声响起，在黄浦江上空飘荡，李秀若拉着贾唯

---

② 见本书附录李林《给中央妇委的信》。

英的手，倚着船舷上的栏杆，望着渐渐远去渐渐模糊的上海，她目光坚毅，心潮澎湃，对着蔚蓝的天，对着翻腾的江水，大声地喊道：

"别了！上海！"

"北平，我们来了！"

"别了！上海！"

"北平，我们来了！"

第二十八章　改名李林赴革命

从上海到北平，先乘邮轮，再搭火车。当火车驶入平坦的华北平原，李秀若被窗外的景象陶醉了：在这片广阔无垠的土地上，星星点点横亘着几个萧瑟的村庄，残阳似血，点燃了天边的云彩，又染红了空旷的大地……江山如此绚丽！江山如此多娇！李秀若早已抑制不住内心的自豪，当她准备大声诵出赞美祖国的诗句时，车窗却忽然被一排密密麻麻的树林遮盖了。这让她忽然感到怆然，如今，在日军的铁蹄践踏下，祖国的大好河山，早已遍体鳞伤了，这如何让人不激愤？这如何让人不悲怆？

"列车前方到站北平，请到站的旅客带好行李，准备下车。"正当李秀若思绪万千时，火车已经抵达北平了。李秀若和贾唯英匆匆取了行李，走出站台，便发现不远处早已站着一位穿着学生制服、手举着"贾唯英"名字牌的年轻人，在东张西望地

北平旧照

等待着。

"友吾哥!友吾哥!我们在这里!"贾唯英大声喊道。

听到喊声,年轻人急忙跑了过来,一边帮忙拿行李,一边高兴地说道:"小英子,几年不见,你长高了!"说完,还不忘拍了拍贾唯英的头。

"友吾哥!这是我的好友李秀若!秀若,这位就是我经常跟你提起的我哥哥的朋友,覃友吾!"

"幸会!欢迎来北平!"覃友吾友善地说道。

"幸会!"李秀若也礼貌地回应。

于是,二人便在覃友吾的带领下,来到地安门沙滩后街大学夹道胡同的一所公寓。刚一进门，只见厅堂柱子上贴着"莫谈国事"，格外醒目。听到声响的房东走了出来，瞅了瞅李秀若和贾唯英，便嘀咕起来："怎么又是学生娃！就你们这些学生娃最爱闹事！"说完，甩了一下衣襟上别着的手帕，大声喊道，"喂，你们仨，记住：莫谈国事！莫谈国事！都给我安生住着，别给老娘惹事。听到了没？"

李秀若和贾唯英正想回嘴，被一旁的覃友吾拉住了。"自五四运动和'一二·九'运动以来，北平的很多公寓都不大待见学生了，我们先别理会那么多，暂时安顿下来再说。"覃友吾轻声解释道。

就这样，李秀若和贾唯英总算在北平安顿了下来。这一夜，由于路途劳累，她二人一觉到天明，睡得可香了！可后面的日子，也许是因刚到北平水土不服，李秀若和贾唯英一连几天提不起劲儿，只好天天待在公寓里看书。一天，李秀若在公寓读到《列宁画集》这本书，即刻燃起对伟大的无产阶级革命家列宁的崇拜之情，于是，她兴奋地喊道："唯英，我觉得'李秀若'这个名字很拗口，也不符合我个性，你说，我改个名字如何？"

"你想怎么改啊！"贾唯英表示很不理解。

"我想致敬我心中的偶像、伟大的无产阶级革命家列宁，就改为'李宁'如何？"

"你既然要致敬偶像，那就不能叠偶像的名字，你们闽南地区不是也有着这样的风俗吗？① 要不，你就取谐音，叫'李林'吧？"贾唯英分析得头头是道。

"好，'李林'也好听，就叫这个名字。"李秀若欣然接受。正是因为李秀若的这次改名，导致其与家人彻底失联，以至于 1940 年 4 月 26 日李林在抗日战场壮烈殉国后，其家属费尽周折，才于 20 世纪 80 年代，确认了李林的真实身份。

覃友吾明白，李林和贾唯英前来北平，只为积极投身革命。过了几天，他便给她们带来了两张"民族解放先锋队"的申请表格。当时，"民先"是中国共产党的外围组织，在北平是半公开的状态。覃友吾是"民先"的骨干分子，平日里，他全身心投入"民先"的事业，不是组织活动，就是在图书馆读书。李林与贾唯英赴北平的第一站，总算是找对人了。

加入"民先"以后，李林她们不再那么焦灼，生活也逐步适应了。于是，她们开始对自己接下来的生活、工作做打算。

这一天，趁覃友吾前来，李林赶紧与之商量："友吾兄，我俩来北平也有些时日了，我因之前被上海爱国女中退学，也不想再继续读高中了。我现在想先考一所大学，边学习边参加工作，你对北平比较熟悉，有没有可以推荐的？"

"有一所我们'民先'活动比较活跃的大学，但学校推行的是反动教育，不知你敢不敢去？"覃友吾其实内心是很希望李林

---

① 在闽南地区，晚辈的名字不能与长辈的名字有叠字，否则会被视为不尊重长辈。

去的，但他怕李林以后会被这个学校的表面给吓坏了，因此故意采用激将法。

"我有何不敢去的，只要是为了革命，就不怕流血！就不怕牺牲！你就告诉我什么学校就行！"李林声音有些高亢。

"北平民国大学！"覃友吾回道，并转头也问了贾唯英，"小英子，你也一起去？"

"不不不！"贾唯英使劲地摇头，"不是我不求上进啊，只是我想把高中的学业学习完，所以，我想去考女中。"

"那你就考女中吧！"李林拍了拍贾唯英的肩膀，然后望了一眼覃友吾，坚定地说道，"北平民国大学，我考定了！"

据《北京市志稿·文教志·上》记载，北平民国大学始建于1916年，由张继、马景融、吴非等人创办，初名"北平私立民国大学"，租宣武门外储库营四川会馆楼房为校舍，七年后迁入宣武门内太平湖醇王府。巧合的是，上海爱国女中的创办人蔡元培先生也曾任该校的第三任校长。1930年11月，经教育部核准董事会立案，并饬令改称"民国学院"。翌年，鲁荡平[②]任第二任校长，并在学校附设了体育专修科。当时，鲁荡平的教育方针是靠近当局，控制学生思想，为此，他率先引进学生参加军训。

---

② 鲁荡平（1895—1975），字若衡，教育家，湖南宁乡道林人。时任江西省政府主席兼第九路军总指挥的鲁涤平之弟。早年加入同盟会，后又加入革命中华党。其曾于河南省政府委员兼教育厅厅长任内，设立战区联中五校，解决沦陷区数万青年的就学问题，获二等景星勋章。

北平民国大学旧貌

然而，越是压迫的地方，越有反抗！这个推行反动教育的民国大学，却渗透了北平更早的"民先"组织，有了更强的中共地下组织。日后，正是在这个大学里，"民先"领导人将李林带向真正的革命，也带向革命的战场！

1936年7月中旬，经过了精心的准备，李林终于考取了民国大学政治系，在她收到大学录取通知书的那一天，贾唯英也不负众望，以优异的成绩，考进了北平著名的新式学堂两吉女中。那一天，俩人欢喜了一晚上，兴奋得失了眠。直到入夜了，她们才疲倦地进入梦乡。

梦里，李林见到一群人围着她，一个严肃的老同志对着她说："李林同志，你自愿加入中国共产党？"

"我自愿！"李林坚定喊道。

"革命是要流血牺牲，不是游行示威那么简单，你准备好了没？"

"时刻准备着！"李林斩钉截铁回答道。

"李林同志，请你对着党旗宣誓！"

"我志愿加入中国共产党……"李林庄严宣誓。

"李林同志，我代表党正式通知你，从今天起，你就成为一名中国共产党员！"

第二天早上，和煦的阳光斜射入公寓里，也照射在李林的脸上，她笑醒了过来。其实，这并不是一场梦，就在1936年12月

李林（前右二）与参加晋西北军政民大会的代表们在一起

18日那一天，李林便是在吕光、老孟等人的见证下，成为一位光荣的中国共产党员。

1936年8月底，为了庆祝李林和贾唯英重返学校，覃友吾带着一班"进步青年"来到公寓，其间，大家聊起时局义愤填膺，谈起学生运动慷慨激昂，他们个个满腔热血，他们个个心潮澎

李林（前排右一）和战友快乐在一起

湃，小屋子一下子沸腾了……

"莫谈国事——"听到声响的房东，拉长着声音喊了过来！

公寓里，热血青年们围在一起，他们手挽手，慷慨唱起田汉的《毕业歌》：

同学们，大家起来，
担负起天下的兴亡！
听吧：满耳是大众的嗟伤！
看吧：一年年国土的沦丧！
我们是要选择"战"还是"降"？
我们要做主人去拼死在疆场，
我们不愿做奴隶而青云直上！
我们今天是桃李芬芳，
明天是社会的栋梁；
我们今天是弦歌在一堂，
明天要掀起民族自救的巨浪！
巨浪，巨浪，不断地增长！
同学们！同学们！
快拿出力量，
担负起天下的兴亡！

附 录

给中央妇委的信 / 李林

琴秋、庆树同志：

　　当我听到你们是那么诚恳地愿认识我，那么热忱地关心着这儿——晋绥边区的妇女同胞时，我是深深地激动了，一种喜欢和兴奋的情绪真是形容不出来，而只感到你们这种行为所给予我们的安慰与鼓励真是太大、太难得，而且太宝贵了。这种真挚的友爱，真的，是世界上仟何东西也换不来的啊！我没有别的，我代表着边区所有的妇女同胞向你们致以慰问并致热烈的民族革命敬礼！

　　为了使今后边区的妇女和你们的关系能够密切，为了使你们能多了解这儿妇女工作的情形，为了能够经常地得到你们的指示和丰富的经验教训，来充实与加强这儿的妇女工作起见，请允许我把这儿的妇女工作情形慢慢地介绍给你们，同时你们愿意知道些什么，也可以具体地写信告诉我，我好搜集些你们愿意知道的东西和材料。

　　现在我先将我个人介绍给你们：我是福建人，因为我父亲在荷属的爪哇经商，所以我便是该地长大起来的，我能够说那边的马来话，那里的文字我也略为知道一些，但现在大都忘了，因为我十四岁的时候，便已经回到了祖国。在那时候，我只带回来一个深刻永不会磨灭的印象，那是：荷兰人对于当地爪哇人专制的统治与残酷的压迫和中国人在那里的不自由。在一个小小的心灵里，老是绕着中国人为什么不会团结？爪哇人为什么不会团结？为什么情愿受人家的压迫？为什么受人家的统治不会反抗？在我回到中国不到半年工夫，我很幸福地第一次离开了我的母亲，离开了家，我进了陈嘉庚先生创办的集美中学校，在那个时候，我最喜欢的是文学，我希望着我能够做一个文学家，我经常读着屠格涅夫的小说。除了爱文学而外，还喜欢体育，因为学校里有许多同学和我同样是南洋爪哇来的，能够说同样的话，因此我们组织了篮球队、排球队，我们经常和外面学校学生比赛，在假期中我们也跑到粤属的汕头、潮州等地去和那儿的学生比赛，我们常常获得光荣的胜利归来。我们很天真、纯洁，不知道痛苦是怎么一回事，那个时候可以说是我们的黄金时代。

　　在上海进了高中。上海，谁也知道是一个最复杂的繁华地方，在那里可以看到洋房大厦；也可以看到烂污狭窄的小土房；

可以看到许多穿着西装绸缎长袍在马路上大摇大摆的银行经理或某公司的老板；也可以看到裸着体、赤着脚战栗着在道旁的穷人；可以看到富人们逍遥自在坐着汽车在柏油的马路上兜风；也可以看到汗流满面的在街巷到处奔跑，有时还要挨打挨骂为了挣几个钱的黄包车夫；可以看到穿着旗袍、高跟鞋、烫发头、擦胭脂，提着皮包、还挽着一个爱人，在马路上散步的摩登小姐或太太们；也可以看到穿着长短不齐、破烂不堪、烟熏黑了脸，提着饭篮，挽着、抱着或跟着一群肮脏饥饿的小孩子的女工；可以看到在电影院、跳舞场、开着电扇唱着留声机的阔人们；也可以看到流着汗水、身上压着麻包、木头箱，嘴里还哼着"唉哟、唉哟！"的码头工人……那许多许多在小时候的一幕幕永不会磨灭的印象，更是在脑海里盘绕着、经常地奇怪："为什么同样的人过不同的生活？"

但是我终于对人生有了解了，我对于社会有了更深刻的认识，我觉得做一个文学家还不是可以满足的，我还需要充实理论。于是上海四马路的杂志公司是我每礼拜要去的场所，《读书生活》《世界知识》《大众生活》《妇女生活》等，成了我很好的朋友，我开始确定了我应该走的方向。而上海是伟大的，到现在我还不能而且不会，永远不会忘记那伟大的上海！

大学校的生活引不起我的兴趣，做一个大学生自己不认为是光荣，我迫切要求参加实际工作。因此在一九三六年十二月间，我抛弃了我的学生生涯，我离开了那全国的文化中心地故都——北京，来到太原，在国民师范军政干部训练委员会受训，也参加了牺牲救国同盟会。

在受完了三个月训之后，被分配到大同开展牺盟工作。到大同不久，天镇、阳高相继失守，接着大同、山阴、怀仁、左云等雁北十三县全告沦陷了，因为当时工作没有基础，同时，也没有工作经验，不得已，同志们都离开了工作地区。记得我们步行到雁门关上的时候，我望着那盘曲的汽车路，那耸立的山岭，我忍不住偷偷地流眼泪了。我不明白我为什么要退回来，我什么时候再会出雁门关？

可是意料不到的在我们到雁门关时，我遇到了梁雷同志（是我们很好的坚定的同志，是在偏关已经牺牲了的牺盟县长）带了许多人，他们从太原出来要到雁北开展游击战争。当我得到了那消息的时候，我发狂似的高兴，我兴奋着我又将步出雁门关外了！

在我们第二次到雁北的时候，因为敌人进攻猖獗，武装汉奸以及清乡队活跃得厉害，加上各县政权已空虚，我们觉得要在这地区开展工作，要在这地方存在，非有自己的武装力量不可，因此我们决定第一步的主要工作是建立武装。

大家决定了我担任武装工作。不，开始的时候，许多同志不赞成，不让我负武装的责任。他们总以为一个女的干武装工作多少有点不合适，但我自己对这工作好像有些自信力，又有兴趣，同时觉得在这时候女的也应该有学军事的必要。我坚决地要求，大家没有办法，答应了我在偏关发展该地的游击队工作。

的确，武装工作是困难的。因为没有更多的干部，一个人政治、军事都要负责，更因为过去没有军事的经验和常识，仅仅受过几个月训练，所以开始虽只有十几人的游击队，但已经够我忙乱了。我常整夜睡不着觉，想着他们的管理问题，计划着他们第二天的军事操、政治课及生活各方面，真是煞费苦心了！一直到后来，来了一个军事干部，我们这一支队工作才健全些，而且以后更成了其他支队中较有基础的主要模范支队。

由于工作方针的转变，需要加强群众基础工作，在去年七月间我由部队来到牺盟会晋绥边区委员会，负一部分责任，刚到时，深觉得民运工作要比武装工作复杂，而且感到生疏、棘手，但现在是不同了，开办了好几期训练班，培养了不少地方干部，走到每个村子，没有一个村子的老百姓不熟悉，拜了许多"干妈"，团结了不少"干姐妹"，因此敌人围攻是疯狂的，是厉害的，汉奸清乡队是活跃的，但是我们总能冲破敌人的围攻，汉奸清乡队是莫奈我何的。最有意思的是地方干部的老婆，他们生的孩子要认我做"干妈"，一个没有做过母亲的人，骤然被人家叫"妈"是怪不好意思的，你们说对不对呢？

我今天非常高兴和光荣，我今天已和过去不同了，因为我已经是中国无产阶级的政党中国共产党的一个参加者，我是一个共产党员。在伟大的党的教育及领导之下，我做了一些工作，而且我还在学习，还在希望自己能为党做出一点工作成绩来。希望你们经常领导我，站在党的组织上经常指示我的工作，教育我如何去做一个革命者。

拉杂地写了这许多不重要的事，会耽误了你们许多宝贵的时间，但因为觉得能够给你们写信是太幸福了，所以兴奋地一口气写了这些，请你们原谅！

下次我可以告诉你们这儿妇女的情形，希望你们今后常给来信指示。

致

抗日敬礼

一九三九年九月三十日

后记

  习近平总书记指出:"历史是最好的教科书。对我们共产党人来说,中国革命历史是最好的营养剂。"红色文化遗产,是中国革命的宝贵财富,肩负着重要的社会教育功能,在长期的革命斗争中,革命先辈用自己的鲜血和汗水谱写了一曲曲英雄赞歌,他们的事迹凝聚为红船精神、井冈山精神、延安精神等,被永远铭刻于中国人民的精神族谱,激励一代又一代中华儿女胼手胝足、砥砺前行。李林精神,正是中国红色遗产的重要组成部分。

  为了更好地保护、宣传推广红色文化,讲好红色故事,特别是让青少年学习革命斗争精神,传承红色基因,我们推出了"用一部经典,致敬一座城"的主题精品图书出版计划,2020年7月成功推出了《小城春秋》精装版,以致敬美丽的厦门;又策划了"少年中国"书系,深挖中国近现代史上的革命先辈,以及各行业各领域著名人士的少年成长故事,将他们少年时期立志、勤奋、爱国、奉献等精神品质,推荐给青少年,激励青少年从小树立远大志向,培养他们奋进昂扬、不屈不挠的人格魅力。《少年李林》便是"少年中国"书系中的重要一本,也是对即将到来的中国共产党建党100周年的献礼!

《少年李林》一书主要讲述了李林从出生到考上北平民国大学这一段成长历程。在这一段历程中,李林经历了告别亲生父母、告别祖国,甚至差点被病魔夺走生命的童年时代,又经历了从漳州、厦门、杭州、上海、北平一路辗转的艰难求学时代。在这一段历程中,她从一个懵懂小孩,逐渐成长为一位敢于为国家图生存、为民族求发展而斗争的少年斗士,奠定了其崇高的理想和信仰。该书以少年李林的成长为主线,让青少年在阅读中,身临其境,感同身受,更能引起青少年读者的共鸣。

在《少年李林》的编纂过程中,我们始终坚持最大可能尊重历史事实,适当地加以艺术创造,以增加该书的可阅读性。正因为如此,该书的大部分史实资料,也得益于李林众多亲属后代的不吝指正与支持,如李林的侄儿李松茂、李松兴、李松年及李林的外甥周文贤、周文建、周文盛等人,正是他们父辈口口相传下来的第一手资料,使得李林的少年历程更显翔实可靠,更活灵活现。这里,借此书出版之际,对他们表示衷心的感谢!

《少年李林》的撰写工作历经数月,署名虽为郑坤全、陈忠坤二人，但却是众人智慧的结晶：前期策划工作中，缺不了陈忠杰老师的合理安排布局；前期初稿的形成，凝聚着陈勇闯老师的勤劳汗水；在后续的图片采集工作中，离不开陈馨老师的辛苦整理；稿件整理过程中，还得到了曾亿清、曾锦江、杨平鼻（现九十七岁，李瑞奇浦南镇邻居）、周庆辉、吕雅林、陈燕美、蓝惠娟等同志的热情帮助，在此一并表示诚挚的感谢！

《少年李林》初稿形成后，为了确保质量，减少差错，我们特地组织厦门、漳州两地的学者、专家在李林的故乡芗城区召开评稿会议，与会的福建省党史研究室原副主任巩玉闽、漳州市档案局原局长肖招鸿、龙海市方志办原书记黄剑岚等三十多位专家学者及亲属代表，提出了一些很好的意见，补充了不少珍贵的历史资料。会后，该书又做了进一步的修正和补充。在此，对这些专家学者，我们也致以衷心的感谢。

除了个人的支持参与，《少年李林》在成书过程中，也得到了中共漳州市委党史和地方志研究室、中共漳州市委党校、漳州市退役军人事务局、漳州市归国华侨联合会、漳州高新区古县中学、漳州市实验小学高新区分校、集美中学、闽南师范大学《李林》话剧组、漳州市闽粤赣边区革命史研究会、漳州市谷文昌研究院、漳州市新四军研究会、福建省姓氏源流研究会李氏委员会漳州市理事会等有关单位的鼎力支持，在此一并致谢！

感谢该书的推荐者、九十一岁高龄的庄南芳先生。庄南芳先生系福建省人民政府办公厅原主任,福建省侨联原党组书记、主席,中国侨联原常委。1997年7月,庄南芳被国务院侨办、中国侨联联合授予全国侨务工作先进个人称号。

还要感谢该书的推荐者周文盛先生。周文盛系李林烈士的外甥,他不仅对此书作序推荐,还全程参与该书组稿的工作,对其中的史实部分加以认真考量、指正。

最后,我们期待《少年李林》能成为青少年喜爱的书,在青少年成长的路上,给予一份前进的力量。因编者水平有限,《少年李林》有不当之处在所难免,我们祈盼海内外有识者指正、充实,以期来日再版更臻完善。

编者

2021年2月